LA MANO DEL ARQUEÓLOGO
Ensayos 2002-2015

LA MANO DEL ARQUEÓLOGO
Ensayos 2002-2015

Nick Shepherd
Aarhus University

Traducción: Cristóbal Gnecco (Universidad del Cauca)
y Alejandro Haber (Universidad Nacional de Catamarca/CONICET)

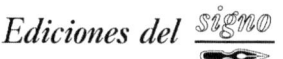

Universidad
del Cauca

Shepherd, Nick

La mano del arqueólogo : Ensayos 2002-2015 / Nick Shepherd ; traducido por Cristóbal Gnecco, Alejandro Haber.-- JAS Arqueología Editorial, 2017

243 p. : figuras.

Incluye referencias bibliográficas : pp. 209-234, e índice analítico : pp. 235-243.

ANTROPOLOGÍA CULTURAL. 2. ARQUEOLOGÍA - HISTORA. 3. ARQUEOLOGÍA - ENSAYOS. I. Título. II. Gnecco, Cristóbal. Trad. III. Haber, Alejandro. Trad. IV. Universidad del Cauca.

ISBN: 978-84-16725-03-8
Depósito Legal: M-8354-2017

© Universidad del Cauca, 2017
© JAS Arqueología, 2017
© Ediciones del Signo, 2017
© Nick Shepherd
© De la traducción: Cristóbal Gnecco y Alejandro Haber

Primera edición: Editorial Universidad del Cauca / JAS Arqueología / Ediciones del Signo, febrero de 2017

Diseño de la Serie: Editorial Universidad del Cauca
Corrección: Daniel García Raso y José Rodrigo Orozco Papamija
Diagramación: Daían Alexa Muñoz De la Hoz
Diseño de carátula: Emilio Eusse Simmonds
Editor General de Publicaciones: Alfonso Rafael Buelvas Garay

Editorial Universidad del Cauca
Casa Mosquera Calle 3 No. 5-14
Popayán, Colombia
Teléfonos: (2) 8209900 Ext 1134 - 1135
editorialuc@unicauca.edu.co

JAS Arqueología
Plaza de Mondariz 6, 12° 4
28029 – Madrid, España

Ediciones del Signo
Aníbal Troilo 942, 5° 11
Buenos Aires (1197), Argentina

Copy Left: los contenidos de este libro pueden ser reproducidos en todo o en parte, siempre y cuando se cite la fuente y se haga con fines académicos y no comerciales.

Impreso en España: ServicePoint Facilities Management

Contenido

Introducción: en el lado más filoso del palustre 9

Arqueología disciplinada: la invención de la prehistoria de Sudáfrica 11
    Producción de conocimiento 11
    El Paleolítico en África 15
    Limpiando las edades de piedra 18
    Centro y periferia 23
    La Sociedad Arqueológica 28
    El Congreso Panafricano y el eclipse de la prehistoria 30

La política de la arqueología en África 35
    Introducción: una nota sobre método 35
    Puntos de referencia 37
    Arqueología y colonialismo 40
    Disciplinando la arqueología 43
    Arqueología y nacionalismo 46
    Arqueología y apartheid 48
    La crisis de recursos en la arqueología africana 50
    "Títere cultural en una cuerda" 53
    El Congreso Arqueológico Mundial 55
    Etnoarqueología 55
    El saqueo del pasado 57
    La arqueología como espectáculo 58
    Arqueología y desarrollo 60
    Conclusión: centro y periferia 62

Rumbo al sur, deseando el norte: ¿por qué necesitamos, con urgencia, una arqueología postcolonial? 63
    Una entrada del diario 63
    Norte y sur 67
    Arqueología y colonialismo 69
    Programa para una arqueología postcolonial 71

"Cuando la mano que sostiene el palustre es negra…":
prácticas disciplinarias de autorepresentación y el asunto
de la mano de obra nativa en arqueología 75
    Historia secreta 75
    Adam Windwaai 78
    Justus Akeredolu 82
    Trabajo nativo 89
    Producción de conocimiento 94

Arqueología soñando: imaginarios urbanos postapartheid
y los huesos de los muertos de la calle Prestwich 97
    Seis pies del país 97
    El paso del tiempo en la calle Prestwich 100
    Puntos de fractura 111
    Una imagen de la ciencia 116
    Lenguajes rivales de interés 119
    Imaginarios urbanos postapartheid 123
    En la postcolonia 127

¿Qué pasa con el WAC?
Arqueología y compromiso en un mundo globalizado 131
    El baile del granero 131
    Libertad académica y apartheid 133
    La arqueología postcolonial postmoderna 135
    Un salón lleno de abogados 140
    Arqueólogos y fronteras 146
    Estados de la abyección y el lugar de la ayuda 149
    Dentro y fuera del WAC 152
    Designar lo indígena 155
    Arqueología Ltda. 161

La humildad de Sarah Baartman 163

Recordando y olvidando la cueva Peers 169

La mano del arqueólogo. Catástrofe histórica, regímenes
de cuidado, extirpación, relacionalidad e indisciplina 177
    Una gran cantidad de imágenes 177
    Conocimiento, representación
    y catástrofe histórica 178

Método en la prehistoria 181
El archivo, la fotografía y la tumba 183
Relacionalidad 185
Actos de indisciplina 187

La arqueología y la conquista del tiempo 189
La conquista colonial del tiempo y el espacio 189
La transformación del ser 192
Ciencia blanca y cuerpos negros 196
El conocimiento del pasado a través
de los restos materiales 200
La arqueología devora a los ancestros 202
Violencia epistémica 205

Referencias citadas 209

Índice analítico 235

Lista de figuras

Figura 1.	En una cueva cerca de Tarkastad, en el Cabo Oriental	24
Figura 2.	En la playa, noviembre de 1995	65
Figura 3.	John Goodwin y Adam Windwaai	77
Figura 4.	Escena de la excavación en Forest Hall	80
Figura 5.	Escena de la excavación en Forest Hall	81
Figura 6.	Escena de la excavación en Forest Hall	81
Figura 7.	Nigeria 1955.	86
Figura 8.	Nigeria 1955 (posiblemente Justus Akeredolu).	86
Figura 9.	Nigeria 1955	87
Figura 10.	Nigeria 1955	87
Figura 11.	The Rockwell: "Sin el polvo de la historia y de la mancha de la tierra situada abajo"	125
Figura 12.	The Rockwell: "Una mujer reclinada mirando desde un tocador rosado brillante"	126
Figura 13.	La caja de embalaje en la que fueron repatriados los restos de Sarah Baartman	166
Figura 14.	Bertie Peers con dos esqueletos encontrados en la cueva	174
Figura 15.	Dulcie Peers conoce al Hombre de Fish Hoek	175

Introducción:
en el lado más filoso del paletín

Los ensayos recogidos en esta colección fueron escritos entre 2002 y 2015 y cubren una gama de temas que va desde las implicaciones sociales y políticas de la práctica arqueológica en África hasta la suerte de los compañeros de trabajo negros y desde las construcciones sobre patrimonio hasta una política contemporánea de la memoria y la identidad. También trazan la trayectoria histórica de la ciencia de los colonos desde finales del siglo XIX y principios del siglo XX hasta el presente postcolonial. Una preocupación permanente en todo mi trabajo tiene que ver con asuntos de conocimiento y lo que podría denominarse "formas de conocimiento". ¿Cómo la arqueología, como un proyecto disciplinario de un tipo particular, dio forma y enmarcó los enfoques sobre el pasado en el presente? ¿Qué tipo de afirmaciones se hacen en nombre de la disciplina? ¿Qué tipo de afirmaciones contrarias desafían y desestabilizan estas preocupaciones disciplinarias? El resultado es (espero) una historia de las ideas, políticamente comprometida, que sitúa la arqueología en el lado más filoso del paletín.

Dos factores, en particular, han dado forma a mi enfoque. El primero es mi lugar como académico basado, gran parte del tiempo, en la Universidad de Ciudad del Cabo. Más que simplemente un lugar geográfico esto se traduce en un sentido de ubicación conceptual y epistemológica (o "situacionalidad"). Por un lado, me coloca en una relación particular con las metrópolis disciplinarias y los centros de la teoría en arqueología. Por otro lado, me lleva a conceptualizar mi ubicación a través de una variedad de marcos: África, la diáspora africana y el sur global. También me coloca en relación con un conjunto de temas familiares para los pensadores postcoloniales: traducción, migración, hibridez, un sentido de liminaridad. Requiere una fluidez o facilidad en dos tipos de mundos: el mundo de las metrópolis y los mundos locales de práctica. Estoy interesado en la forma como la disyunción entre estos mundos se traduce (o potencialmente se traduce) en un sentido de distancia crítica. En mi caso navegar por el mundo de la disciplina también ha significado navegar la sociedad de finales del apartheid y del postapartheid. Para mí la arqueología siempre ha sido parte de un conjunto más amplio de preocupaciones con la raza, la restitución y la justicia social.

Un segundo factor es mi lugar profesional e institucional en un Departamento inter y transdisciplinario, la Escuela de Estudios Africanos y de Género de la Universidad de Ciudad del Cabo. Además del canon disciplinario ha sido natural para mí colaborar con el trabajo de las feministas africanas y los pensadores anticoloniales y decoloniales. Esto me coloca en una relación particular con la arqueología puesto que tengo un pie dentro y un pie fuera de la disciplina. En el primer caso esto se traduce (o potencialmente se traduce) en una forma de distancia crítica. Puedo *hacer arqueología* y *ser arqueólogo* pero también puedo verme *haciendo* y *siendo*. Esto no siempre es una buena cosa, debo admitir. Sin embargo, esa es mi situación y estos ensayos son su resultado.

***

Muchas gracias a las revistas en las que fueron publicados estos ensayos por primera vez: *Kronos* ("Arqueología disciplinada"), *Annual Review of Anthropology* ("La política de la arqueología en Sudáfrica"), *Archaeological Dialogues* ("Rumbo al sur, deseando el norte"), *Journal of Social Archaeology* ("Cuando la mano que sostiene el paletín es negra" y "La arqueología soñando") y *Public Archaeology* ("Qué pasa con el WAC?").

Arqueología disciplinada: la invención de la prehistoria de Sudáfrica[1]

No es fácil decir algo nuevo; no es suficiente que abramos nuestros ojos, que prestemos atención, que seamos conscientes, a que nuevos objetos repentinamente alumbren y emerjan del suelo.

Michel Foucault (2001: 44.45)

Entendemos al africano tan poco como él nos entiende a nosotros.

John Goodwin (1935)

Producción de conocimiento

El punto de partida de esta investigación es la idea de Foucault de que el conocimiento nuevo no llega espontáneamente al buscador alerta sino que es producido bajo ciertas

---

[1] Agradezco a la National Research Foundation of South Africa y a la Research Unit for the Archaeology of Cape Town por el apoyo financiero y a Janine Dunlop por su asistencia en la investigación. El material visual que incluyo en este artículo se publica con el permiso del Departamento de Manuscritos y Archivos de la biblioteca de la Universidad de Ciudad del Cabo.

"condiciones" y "relaciones". En pocas palabras, mi interés es unir la lectura del gran trabajo de síntesis de Foucault, *La arqueología del saber*, con un relato de la creación de la disciplina de la arqueología en Sudáfrica a partir de la década de 1920. Varios factores hacen que este sea un ejercicio prometedor, además de la sugestiva duplicación "arqueología"/arqueología, metáfora y disciplina. Debo mencionar dos, para comenzar. El primero es que la arqueología sigue estando comprometida con una forma de investigación en la que el conocimiento es "descubierto" en lugar de "producido", en contraste con la antropología social, que anunció su "giro reflexivo" a mediados de la década de 1980 (Clifford y Marcus 1986; Marcus y Fischer 1986), y a pesar de los mejores esfuerzos de las arqueologías postprocesuales, en cualquier caso dirigidos en otra dirección (Hodder 1994, 1995, 1997; Shanks y Tilley 1987a, 1987b). Dicho de otra manera, para los arqueólogos, en el más literal de los sentidos, nuevos objetos (léase "artefactos") emergen de la tierra y ha sido un acto de fe, corto y tentador, traducirlos, de manera no problemática, a nuevas formas de conocimiento (léase "nuevos objetos discursivos").

El segundo factor que hace prometedor este ejercicio es el escenario colonial de este relato de la formación disciplinaria. Los arqueólogos coloniales estaban separados de sus sujetos arqueológicos por una remoción doble de tiempo y espacio. No solo sus sujetos eran "otros" arqueológicos, separados del presente por siglos y milenios, sino que también eran "otros" coloniales, distanciados de las metrópolis cultural, racial y espacialmente. Es decir, no solo eran sujetos a las metodologías y procedimientos de la disciplina sino que sus descendientes estaban sujetos a las leyes y restricciones del Estado colonial, así como a un conjunto de mitos raciales, tropos de alteridad, historias inventadas, etc. (Bhabha 1994; Pratt 1986; Said 1978, 1989; Spivak 1987). El resultado, en términos arqueológicos, fue un caldo de cultivo fértil para la imaginación, para el exceso metodológico, así como para la más exquisita de las ironías. El resultado conjunto de estos dos factores fue una mezcla de inocencia y malicia, un hilo común de la historia de las arqueologías coloniales; o, ya que malicia es una palabra dura, un fracaso de la empatía, un sentido de distancia crítica y emocional, una frialdad hacia las exigencias que no fueran disciplinarias.

Si uno va a "decir algo", escribió Foucault (2001) en el pasaje del que tomé mi epígrafe, en relación con "la aparición de un objeto del discurso" no solo es necesario que "exista en relación con otros objetos" sino que "exista en las condiciones positivas de un grupo complejo de relaciones" (Foucault 2001: 44-45). Esas relaciones "se establecen entre instituciones, procesos económicos y sociales, patrones de comportamiento, sistemas de normas, técnicas, tipos de clasificación (y) modos de caracterización" (Foucault 2001: 45). En consecuencia, el relato que sigue muestra la aparición de esquemas clasificatorios y conceptuales, de tipologías y nomenclaturas, y de un lenguaje disciplinario, así como de la conquista de espacios institucionales, la formación de organizaciones populares y profesionales y la relación de la disciplina con los centros de poder e influencia del Estado y con formas de memoria e imaginación popular. Mi argumento es que en un periodo de unos treinta años, a partir de la década de 1920, vemos el surgimiento y la formación de la arqueología en Sudáfrica en un formato reconocible —que, en otros lugares, se ha descrito como arqueología colonial (o colonialista)—, con un conjunto asociado de prácticas e ideas rectoras (Shepherd 2002; Trigger 1984, 1989). En términos de Foucault vemos el surgimiento de un discurso arqueológico. En el centro de ese discurso estaba una concepción de la prehistoria y una nueva valoración de formas de conocimiento relacionadas con el pasado arqueológico. Ese discurso fue distinto de los tipos de escritura sobre, y de las discusiones de, los tiempos pasados que le precedieron y difiere de manera formal de la clase de arqueología practicada en, digamos, las décadas de 1960 y 1970. En aspectos claves representa una localización y una "sudafricanización" de la arqueología, así como un intento por vincular las secuencias y las concepciones locales del pasado con esquemas africanos y regionales más amplios. Esto fue especialmente cierto en África meridional y oriental y en las regiones cuya afiliación política contemporánea se expresó en las instituciones del Imperio Británico. En el periodo posterior a las elecciones generales de 1948 y el triunfo de los nacionalistas afrikaners esto dio paso a un rival imaginario enmarcado en términos de los relatos míticos de la historia sagrada afrikaner en lugar de narrativas arqueológicas del pasado precolonial.

El término "invención" aparece como parte del título de este ensayo y puesto que también es parte de mi argumento requiere un comentario. Tomo como axiomática la idea de que no hay nada natural o inevitable en la producción de conocimiento, más aún en la producción de conocimiento sobre el pasado, aunque la gran mayoría del conocimiento es representada de esa manera. El principal valor de pasar tiempo con la obra de Foucault, y de tomar en serio la muy trabajada noción "producción de conocimiento", está en recordarnos la extrañeza —la "novedad", en términos de Foucault— del conocimiento a medida que emerge. El término "inventar" tiene varios significados. El que yo uso no es "fabricar" ("componer") sino "idear" ("crear, llevar a cabo"); por lo tanto, uso "inventar" en el sentido de "poner en servicio algo formalmente o por medio de la autoridad; fundar, establecer, instituir".

Por último, una nota sobre A.J.H. (John) Goodwin (1900-1959), el autor de mi segundo epígrafe y el personaje que está en el centro de este relato. Nacido en Sudáfrica y entrenado en Cambridge, Goodwin volvió a su país en 1923 para convertirse en uno de los primeros arqueólogos profesionales en el África subsahariana. A diferencia de su contemporáneo, Louis Leakey, quien se convirtió en la primera personalidad mediática de la arqueología africana, el legado de Goodwin es poco conocido, incluso dentro de la disciplina. Como el hombre reservado que era, se las ingenió para tener un solo estudiante de doctorado en treinta años de docencia en la Universidad de Ciudad del Cabo, todo un récord. En su país su carrera fue ensombrecida por la de Clarence (Peter) van Riet Lowe, un ingeniero civil convertido en arqueólogo, quien comenzó como "alumno por correspondencia" de Goodwin. Sin embargo, en el periodo que examino la influencia de Goodwin fue decisiva en el desarrollo de la arqueología en África. Para Berrie Malan (1970), uno de los tres comentaristas principales en la formación de los estudios sobre la Edad de Piedra en el sur de África (junto con Janette Deacon y Goodwin), el año del regreso de Goodwin marcó el inicio de un nuevo ciclo de avance sostenido. Goodwin dio crédito al congreso de Pretoria en 1926 como el comienzo de una mayor cooperación y observación exacta.

El Paleolítico en África

El interés en la evidencia material de los tiempos pasados de Sudáfrica tiene una larga historia. Los agentes de este interés fueron colonos y exploradores, militares (como Bowker), un Superintendente de Educación (Langham Dale, que publicó bajo el seudónimo D), geólogos (Thornton, J.P. Johnson, W.H. Penning), un médico (Kannemeyer) y coleccionistas y "anticuarios" auto-proclamados (como Rickard). Entre 1870 y 1923 se publicaron unos 130 artículos sobre temas arqueológicos amplios; abarcaron los territorios de lo que hoy son Sudáfrica, Zimbabwe, Botswana, Swazilandia y Mozambique. Aparecieron localmente en *Cape Monthly Magazine* y, después de 1878, en *Transactions of the South African Philosophical Society* (después llamada *Royal Society of South Africa*) y en varias revistas metropolitanas (*Proceedings of the Society of Antiquaries*; *Proceedings of the Ethnological Society of London*; *Journal of the Anthropological Institute*). La fuente clave para este periodo inicial es Goodwin, cuyo artículo "Comments on the history and present position of South African prehistory" (1935) fue escrito como un informe para el Comité Interuniversitario de Estudios Africanos.

En los relatos de los primeros viajeros por el interior aparecieron descripciones ocasionales de tipos de artefactos, por lo general los distintivos tipos de piedra perforada (como en el caso de Sparrman) o pinturas rupestres y concheros (Barrow). En 1858 T.H. Bowker, "nuestro primer anticuario verdadero", recolectó utensilios de piedra cerca de la desembocadura del río Great Fish (Goodwin 1935: 295). Algunas piezas fueron enviadas al Museo Albany, en Grahamstown, y al Museo Real de Artillería, en Woolwich, en parte debido al interés creado por los descubrimientos de Boucher de Perthes en las gravas del Somme. A Dale (1870a, 1870b) se atribuye el primer registro público de artefactos de piedra que apareció localmente. La década de 1870 fue notable por los testimonios detallados tomados de informantes bosquimanos por el lingüista Wilhelm Bleek, un hecho que omitió Goodwin en su síntesis pero que sí mencionó Deacon. La rehabilitación de los trabajos de Bleek y Lloyd solo ocurrió después de 1975 (Bleek 1873, 1875; Deacon 1990).

El trabajo de Dunn es considerado como "el primer intento real por dar un relato completo de la prehistoria de Sudáfrica" pero más tarde se trasladó a Australia, llevando consigo sus materiales (Dunn 1880; Goodwin 1935). Goodwin (1935: 300) describió su trabajo como "el papel de un típico coleccionista más que el de un científico", un interesante ejemplo de la transvaloración de un término. La noción de *coleccionista*, como la noción relacionada de *anticuario*, era común en el siglo XIX y tenía una valoración positiva puesto que implicaba una suerte de curiosidad y una sensibilidad científica. En las primeras décadas del siglo XX, con el endurecimiento de las disciplinas, el término llegó a connotar diletantismo y falta de método. Goodwin utilizó el término en la década de 1930 para reconocer el trabajo de los primeros practicantes pero, también, para colocarlos fuera del canon disciplinario que, en gran medida, su obra inauguró. Así, por ejemplo, Deacon (1990: 40) escribió que "los modelos y paradigmas de control de los autores entre 1869 y principios de la década de 1920 eran, esencialmente, los de coleccionistas aficionados".

El esquema clasificatorio de J.C. Rickard ha sido ampliamente reproducido e incluye algunos términos estándar ("Neolítico", "Paleolítico"), así como algunos acuñados localmente: "Depósito de Cocina Tardío", "Depósito de Cocina Temprano", "Grupo de Londres Oriental", "Grupo de Port Elizabeth" (Rickard 1881a,

1881b, 1946; Goodwin 1946; Malan 1970). El predecesor inmediato de Goodwin fue Louis Peringuey, un entomólogo y veterano de la guerra franco-prusiana que se convirtió en director del Museo de Sudáfrica. Publicó, ampliamente, sobre temas arqueológicos entre 1892 y 1917, aunque al final de su vida este interés había disminuido. Según Goodwin (citado por Malan 1970: 89) "No era joven cuando murió y para entonces tenía poco interés en la arqueología". El desempeño de sus deberes en el museo era señorial. El personal del museo se alineaba y lo saludaba en la mañana; él contestaba con su bastón y "saludaba muy inteligentemente". Goodwin recordó que Peringuey "arrojó unas cuantas toneladas de artefactos bajo el cobertizo del esqueleto" pero "(guardó) lo mejor en su escritorio", sin etiquetar, que mostraba orgullosamente a sus visitantes más destacados (Malan 1970: 89).

Dos ideas subyacen los enfoques a la prehistoria en este periodo. La primera era que el material de Sudáfrica tenía que ser referido a la secuencia Europea, en particular al paleolítico francés que proporcionó el punto de referencia de la prehistoria europea (de acuerdo con la obra de Gabriel de Mortillet). Para tomar un ejemplo más o menos al azar J.P. Johnson (1907) describió una punta de proyectil de esquisto endurecido, larga y lanceolada, como parecida a "ciertos tipos conocidos solutro-magdalenienses de Europa", aunque es casi seguro "de fecha más reciente que los tipos achelenses asociados". Peringuey (1911) dividió la Edad de Piedra de Sudáfrica en "elementos Neolíticos", "Interior o auriñaciense. Litoral o solutro-magdaleniense" y "Stellenbosch" o tipos "Orange River" (Peringuey 1911). Dentro de este esquema amplio, que podría denominarse "Paleolítico en África", los debates trataron con la antigüedad relativa del material de Sudáfrica (que se creía más reciente) y con explicaciones migracionistas/difusionistas sobre la naturaleza de la transmisión de los tipos europeos. Al mismo tiempo se expresaron algunas reservas en cuanto a la aplicabilidad del esquema europeo; la más significativa fue la de A.C. Haddon durante una visita de la Asociación Británica para el Avance de la Ciencia en 1905.

Una segunda idea identificó la prehistoria de Sudáfrica con un grupo étnico contemporáneo, los "bosquimanos" o "san". Los bosquimanos fueron entendidos como los autores de la prehistoria, en todo o en parte, y los términos "reliquias bosquimanas", "restos bosquimanos" y "dibujos bosquimanos" fueron comúnmente usados en la literatura para designar artefactos arqueológicos y pinturas rupestres. Esta formulación fue codificada legalmente en la Ley de Reliquias Bosquimanas de 1911, la primera legislación de conservación en Sudáfrica, consecuencia de la Ley de la Unión. La Ley de Reliquias Bosquimanas pretendía proteger los yacimientos arqueológicos (especialmente los que contenían arte rupestre) y controlar el comercio floreciente de restos humanos con orígenes bosquimanos (Legassick y Rassool 1999). En el fondo de esta idea estaba la concepción generalizada de los bosquimanos como raza remanente o vestigio evolutivo, literalmente como "prehistoria viva". Esta es una idea con un pedigrí largo (y contínuo) en el pensamiento, las letras y la cultura popular de Sudáfrica. En el periodo que examino su expresión más influyente fue el trabajo de Stow (1905).

Estas dos nociones, "Paleolítico en África" y "prehistoria bosquimana", informaron un discurso en desarrollo sobre los tiempos pasados en las últimas décadas del siglo XIX y las primeras décadas del siglo XX. Por un lado, introdujeron una óptica específicamente europea, por lo que en el más literal (y surrealista) de los sentidos estos primeros trabajadores rasguñaban los duros suelos locales en busca de signos que pudieran vincularse con una cueva en Francia. Por otra parte, establecieron un deslizamiento entre la prehistoria y los estudios sobre bosquimanos y bantúes o entre la arqueología y la etnología (como serían llamadas), cuyo territorio intelectual se asumía como superpuesto, si no idéntico.

Limpiando las edades de piedra

Dos acontecimientos a mediados de la década de 1920 sirvieron para transformar las concepciones de la prehistoria sudafricana. El primero fue la descripción publicada por

Raymond Dart del fósil de Taung del *Australopithecus africanus* (en la revista *Nature*, en 1925). Este artículo convirtió a Dart en un "héroe instantáneo" en el país (Dubow 1996). Entre las muchas notas de felicitaciones hubo una del general Jan Smuts, recientemente derrotado como primer ministro y ahora aguardando como presidente de la Asociación Sudafricana para el Avance de la Ciencia. En la prensa Smuts escribió sobre "un descubrimiento sin precedentes, no solo de gran importancia desde un punto de vista antropológico sino, también, bien calculado para concentrar la atención en Sudáfrica como el gran campo para el descubrimiento científico, lo que sin duda es" (Dubow 1996: 246).

En el escenario internacional el descubrimiento de Dart fue criticado. Las respuestas en *Nature* de Arthur Keith (el antropólogo físico más importante de su época) y de Grafton Elliot Smith (un famoso neuroanatomista de la Universidad de Londres) expresaron dudas sobre las afinidades humanas del cráneo. Arthur Smith Woodward, defensor del "Hombre de Piltdown", desestimó el término *Australopithecus* como una combinación bárbara de latín y griego (Dubow 1996). No fue hasta que Le Gros Clark examinó el material de Taung, Sterkfontein y Swartkrans en 1947 —en el periodo previo a la primera reunión del Primer Congreso Panafricano de Prehistoria— y se declaró satisfecho que el género *Australopithecus* obtuvo aceptación general (Tobias 1978).[2]

El segundo acontecimiento que cambió las concepciones predominantes del pasado fue la introducción por Goodwin de una tipología y nomenclatura locales para la Edad de Piedra y una concepción de etapas sucesivas de la prehistoria. El primer trabajo de Goodwin al regresar de Cambridge fue como asistente de investigación en etnología de Alfred Radcliffe-Brown en la Universidad de Ciudad del Cabo. Fue encargado de la construcción de una revisión y bibliografía etnográficas "destinadas a proporcionar las bases de un Instituto de África

---

2 Tobias (1978: 6) escribió: "La conversión de Le Gros Clark fue [un punto de quiebre] en la evaluación de los primeros homínidos de África".

en Ciudad del Cabo" (Goodwin 1958: 27). Sin embargo, con la muerte de Periguey en marzo de 1924 centró su atención en las colecciones de artefactos de piedra del Museo de Sudáfrica. Desde un punto de vista técnico vale la pena reconstruir las condiciones en que Goodwin trabajó. Las colecciones del museo consistían en cientos de colecciones individuales con poca o ninguna información geográfica, estratigráfica o contextual. Por ejemplo, la colección de J.M. Bain:

> [...] pudo provenir, litológicamente, de vastas zonas al sur del río Vaal. Había sido enviada como una "única colección" y numerada en consecuencia. No se dio ninguna evidencia de apoyo y solo unas pocas herramientas individuales tenían nombres de lugares como "Karoo", "la provincia del Cabo", "Estado Libre" (Goodwin 1958: 27).

Goodwin se dedicó a las tareas arqueológicas clásicas de comparación formal y de construcción de tipologías y, más tentativamente, de cronologías. Mientras estaba dedicado a estos asuntos comenzó una correspondencia con van Riet Lowe, quien entonces diseñaba puentes para el Departamento de Obras Públicas en el Estado Libre de Orange. Van Riet Lowe proporcionó a Goodwin, confinado a Ciudad del Cabo por falta de fondos para investigar y por sus funciones etnológicas, un vínculo crucial con el campo. Goodwin, a su vez, "convirtió" a van Riet Lowe y lo "arrastró" a la nueva terminología, un ejercicio que iba a resultar crucial en su aceptación más amplia.

Goodwin presentó por primera vez su esquema en la reunión de la Asociación Sudafricana para el Avance de la Ciencia en Oudtshoorn en 1925, pero lo retiró voluntariamente, aduciendo falta de apoyo. En el periodo comprendido entre marzo y julio de 1926, impulsado (en parte) por este fracaso, publicó una serie de artículos de divulgación sobre arqueología en la edición de fin de semana del diario de circulación masiva *Cape Times* bajo el título de "Sermones en piedra" (posteriormente modificado a "Relatos en piedra"). Los artículos abordaron la historia de los estudios prehistóricos en Sudáfrica, la relación entre las secuencias de Sudáfrica y del paleolítico francés (incluyendo "la relación deducida entre el auriñaciense y el capsiense y las culturas bosquimanas") y esbozaron la terminología propuesta por Goodwin, una interesante elección de temas para la prensa popular.

En el primer sermón Goodwin dio cuenta de los estudiosos anteriores de la prehistoria, incluyendo a Peringuey y a "contemporáneos suyos y coleccionistas posteriores", Kannemeyer, Alfred Brown de Aliwal North, H. Cottell de Cradock y otros. Escribió: "Todos estos hombres fueron formados en libros sobre arqueología europea o por hombres que habían sido formados en Europa. Así, cada hallazgo hecho en Sudáfrica fue visto a través de lentes europeos" (Goodwin 1958: 29).[3] El tercer sermón comenzó así:

> Hasta hace muy poco se habían hecho varias presunciones sobre quiénes eran los sudafricanos originales. Hace muchos años se dijo que los bosquimanos, como los llamamos vagamente, fueron los primeros habitantes de nuestro país... Sobre esto se edificó la idea adicional de que todos los utensilios de piedra encontrados en Sudáfrica eran "bosquimanos" (Goodwin 1958: 29).

El séptimo sermón terminó con Goodwin preocupado por la terminología, esta vez en conexión con la llamada "Cultural Oriental" (un término que abandonó más tarde). Preguntó en relación con los instrumentos que componen esta industria:

> ¿Quién los hizo? ¿Qué más hizo esta gente? ¿El "hacha con filo" fue hecha, realmente, por la misma gente que hizo la delicada punta de lanza? ¿Son más antiguos que los implementos que hicieron los pigmeos? ¿Qué relación existe entre la punta de lanza y el *coup de poing* de los anteriores

---

3   El primer sermón apareció en la edición del 27 de marzo de 1926.

> habitantes? Estas son preguntas preocupantes para alguien que está tratando de "limpiar las edades de piedra" (Goodwin 1958: 29).[4]

El esquema de Goodwin fue finalmente aceptado en el congreso de Pretoria de la Asociación Sudafricana para el Avance de la Ciencia en julio de 1926. A esa reunión asistió van Riet Lowe (que no había asistido al congreso de Oudtshoorn). En esencia, lo que se proponía era una división de la prehistoria en dos etapas y la sustitución de los términos y la cultura locales por los tipos europeos. Así nació una Edad de Piedra Temprana que incluyó a las culturas Stellenbosch y Fauresmith y a la incierta Victoria West (dejada de lado más tarde). La Edad de Piedra Tardía incluyó las culturas Smithfield y Pigmeo o Microlítica (modificada a Wilton en el congreso de Pretoria) y la problemática Cultura Oriental, parte de la cual fue modificada como Stillbay (Goodwin 1958). Después se introdujo una tercera etapa, la Edad de Piedra Intermedia, más o menos equivalente al Paleolítico Medio, siguiendo el trabajo de Neville Jones (1926) en Rodesia del Sur. El término Edad de Piedra Intermedia se utilizó por primera vez en 1927 y una descripción fue leída en 1928.

Las contribuciones de Dart y Goodwin introdujeron un nuevo objeto de contemplación en los estudios prehistóricos de Sudáfrica y África: por un lado, una forma pre-humana de transición imaginada en términos de una narrativa de evolución biológica; y, por otro, etapas asociadas de desarrollo cultural y tecnológico imaginadas en términos de una sucesión de etapas o "culturas". Significativamente, la arqueología siguió (y sigue) siendo una disciplina concentrada en formas fósiles y utensilios de piedra, cuyos autores y agentes humanos son imaginados solo vagamente como "gente" o, en la formulación de Goodwin, como "los sudafricanos originales".

---

4   Séptimo sermón, 29 de mayo de 1926.

Centro y periferia

En *The loom of prehistory* [*El telar de la prehistoria*], el segundo de una serie de manuales de arqueología dirigido a un público popular, Goodwin se quejó de:

> [...] la forma como los científicos en Europa y en otros lugares sólo están dispuestos a aceptar las declaraciones de los visitantes con un breve conocimiento del país en lugar de aumentarlas con el trabajo detallado de quienes conocen Sudáfrica y las condiciones locales y tienen un conocimiento de cientos de yacimientos a lo largo de varios años (Goodwin 1946: 38-39).

De hecho, la relación entre las metrópolis disciplinarias, en este caso la arqueología británica en Cambridge, y sus satélites en partes remotas del mundo jugó un papel estructurante clave en el desarrollo de la arqueología en el país y en el extranjero. Goodwin quería que se estableciera un Departamento de Arqueología en la Universidad de Ciudad del Cabo y sugirió que Miles Burkitt, su antiguo profesor en Cambridge, fuera invitado a opinar al respecto. Con Goodwin como anfitrión, los dos hombres y sus mujeres se embarcaron en una gran gira por sitios del sur de África, en una ruta que cubrió unos 8000 kilómetros por carretera en la Unión Sudafricana. En Rodesia del Sur se les unió Neville Jones, quien actuó como su guía durante otros 2.500 kilómetros. Después los Burkitt fueron enviados a van Riet Lowe para la parte final del viaje por el Estado Libre (800 kilómetros). Sobreviven algunas fotografías del viaje: el grupo inspeccionando las ruinas del Gran Zimbabwe; una escena en la que Goodwin ha colocado a su esposa junto a un panel de arte rupestre para dar un sentido de escala; y una escena en una cueva cerca de Tarkastad, en el Cabo Oriental, con Miles Burkitt, Peggy Burkitt, Winnie Goodwin y John Goodwin, de izquierda a derecha (*Figura 1*).

Figura 1. En una cueva cerca de Tarkastad, en el Cabo Oriental.

Las dos mujeres se dedican a calcar una imagen de arte rupestre, posteriormente reproducida por Burkitt en su libro. Como viñeta en el monte africano recuerda, apropiadamente, la improbabilidad de gran parte de la práctica arqueológica en este periodo: el contraste entre las ropas formales del grupo de turistas y el áspero campo del Cabo Oriental; la expresión de sorpresa de Burkitt; y la labor de las esposas dibujando y anotando.

Al final de su gira Burkitt comentó: "Cuando lleguemos a Inglaterra tendré mi libro listo para la imprenta" (citado por Deacon 1990: 45). El manuscrito, completado en el viaje de regreso, fue publicado como *South Africa's past in stone and paint* [*El pasado de Sudáfrica en piedra y pintura*] (1928). Goodwin, que había estado planeando un libro definitivo, se vio obligado a una colaboración apresurada con van Riet Lowe. El resultado, *The Stone Age cultures of South Africa* [*Las culturas de la Edad de Piedra de Sudáfrica*] (1929) es "un ejemplo clásico del empirismo en su forma más útil" (Deacon 1990: 45). Goodwin, para quien las acciones de Burkitt representaron una compleja traición (¿qué esperaba?; ¿por qué le dio acceso libre a sus materiales?), fue cuidadoso al referirse al libro de Burkitt en términos aprobatorios.[5]

En su libro Burkitt propuso influencias del Paleolítico Inferior, del musteriense y del Paleolítico Superior de Europa sobre los conjuntos de herramientas de piedra y el arte rupestre del sur de África. Curiosamente, Goodwin y van Riet Lowe repitieron este punto de vista justo cuando estaban haciendo lo posible para desencadenar la secuencia de Sudáfrica de las tipologías europeas. Ellos argumentaron que muchas de las industrias locales de herramientas de piedra llegaron al sur de África con la migración de pueblos del norte del continente, una parte del mundo que había sido tocada por la civilización en virtud de su proximidad con Europa. El Sahara actuó como una barrera selectiva, evitando el movimiento de culturas de sur a norte pero permitiendo que las culturas "superiores" pasaran de Europa al sur del Sahara. En sus palabras, África es "un hueco del que nada tangible retorna" (Goodwin y van Riet Lowe 1929: 3). La imagen es un *cul-de-sac* o un agujero negro cultural, algo que absorbe la energía y la creatividad y no devuelve nada. Esta geografía de la imaginación también fue expresada en otros trabajos de Goodwin. Su ensayo *El poblamiento de África* comienza así:

---

5   "Uno de los mejores libros sobre la prehistoria de Sudáfrica" (Goodwin 1935: 339); "El excelente y encantador libro de Burkitt" (Goodwin 1958: 32).

> Sentados aquí en Ciudad del Cabo o, tal vez, viajando de vez en cuando a Europa en una gran curva que pasa por la costa occidental de nuestro continente rara vez pensamos en el gran número de personas que vive y sigue con su trabajo diario y muere entre nosotros y Europa (Goodwin 1935: 1).

Deacon (1990: 45) comentó que "Goodwin había tenido grandes esperanzas en los estudios prehistóricos en Sudáfrica en la década de 1920 pero parece haber sido desalentado por la falta de fondos y por el giro de los acontecimientos". Además, citó el comentario de Leach en el sentido de que el trasfondo de los antropólogos en Gran Bretaña en las primeras décadas del siglo XX tuvo mucho que ver con el hecho de que "ascendieran" o no en la política universitaria. Smuts presidió la reunión del centenario de la Asociación Británica en Londres en 1931, con van Riet Lowe como representante de Sudáfrica en su condición de presidente de la Sección de Antropología de la Asociación Sudafricana. Compartieron una casa-barco y, por sugerencia de Smuts, "los dos hombres tuvieron discusiones largas y serias sobre temas arqueológicos casi a diario durante el viaje" (Malan 1962: 40). Como botánico Smuts estaba muy interesado en los problemas del clima y el medio ambiente en la prehistoria. Posteriormente animó a su hijo a hacer un estudio de yacimientos superficiales en el centro y norte de Transvaal —Jannie Smuts publicó varios artículos sobre lo que, sostenía, era una industria de guijarros muy temprana, pero cuando sus ideas no obtuvieron apoyo perdió interés en el tema—.

Un resultado directo del poderoso mecenazgo del general Smuts fue la fundación, en 1935, de la Oficina de Arqueología, más tarde llamada Servicio Arqueológico, en el Departamento del Interior. Van Riet Lowe, transferido del Departamento de Obras Públicas para convertirse en su primer director, definió el propósito de la oficina en términos de una serie de objetivos relacionados:

> En primer lugar, sería una institución para la investigación de la prehistoria de Sudáfrica; en segundo lugar, un centro de información y apoyo a todos los que participan en este tipo de estudios; y, en tercer lugar, un centro para la promoción de los intereses del público general en la prehistoria. Un cuarto objetivo era garantizar la preservación de los yacimientos arqueológicos y la eliminación de métodos no científicos y excavaciones no autorizadas (Malan 1970: 90).[6]

Esta última función se llevó a cabo a través de la Comisión para la Preservación de Monumentos Naturales e Históricos, Reliquias y Antigüedades, que fue reconstituido con poderes más amplios en 1934 por una ley del parlamento. Van Riet Lowe fue nombrado como miembro y también como Secretario de la Comisión, una posición mantenida por los directores posteriores de la oficina. Malan, exdirector de la oficina, señaló que como centro de información funcionó, principalmente, por correspondencia:

> Escribíamos constantemente a un gran círculo de corresponsales, en su mayoría aficionados que informaban de sus descubrimientos o buscaban ayuda para describirlos... En cuanto a la promoción del interés del público van Riet Lowe sobresalió en esto y no pasaba ni una semana sin que la prensa hiciera alguna referencia a la arqueología (Malan 1970: 90).

La fundación de la oficina fue un momento importante en la institucionalización de la arqueología en Sudáfrica en dos sentidos. En primer lugar, estableció la arqueología como una rama financiada, directamente, por la administración pública, una forma muy diferente de inserción institucional a la prevista por Goodwin, que había presionado para que se creara un

---

6   Véase Schlanger (2002) para un útil reporte del papel jugado por Smuts en la formación de la prehistoria sudafricana.

Instituto de Arqueología adjunto al Museo de Sudáfrica. En segundo lugar, marcó una reorientación importante en términos de localización y de "sudafricanización", para usar un término introducido por Dubow (1996), siguiendo a Hofmeyr.[7] En el centro de esta reorientación había dos fuerzas complementarias: el mecenazgo político de Smuts y, dentro de la disciplina, el desarrollo de un sentido de audiencia y de un público arqueológico local.

La Sociedad Arqueológica

Las raíces de la relación de la arqueología con su público se remontan, al menos, hasta los "Sermones en piedra" de Goodwin (1926). Sin embargo, solo en agosto de 1944 un grupo pequeño fundó la Sociedad Arqueológica del Cabo, incluyendo a Goodwin y a Dorothea Bleek. Los objetivos iniciales de la sociedad fueron modestos. Se esperaba que una membresía mínima de treinta personas le permitiría funcionar y limitó sus actividades a la provincia del Cabo. Pero tal fue la respuesta que, con la intervención de Smuts y van Riet Lowe, se amplió su alcance. En junio de 1945 se fundó la Sociedad Sudafricana de Arqueología, cubriendo "el sur de África, incluyendo Rodesia del Sur y los territorios vecinos que tienen un vivo interés en el tema" (citado por Malan 1956: 31). Goodwin y A.W. Robinson redactaron los estatutos de la sociedad, que preveían un consejo central con centros autónomos donde quiera que pudieran ser mantenidos. En nueve meses la sociedad tenía 247 miembros y sesenta "socios más jóvenes". Seis centros se habían organizado, los más grandes de los cuales eran los de la península del Cabo y Witwatersrand.

---

7   Dubow (1996: 251) señaló que "Con ocasión de la visita en 1929 de la Asociación Británica a Sudáfrica él [Jan Hofmeyer, delegado de Smuts] celebró los logros científicos que se habían hecho desde la última visita de la Asociación Británica en 1905. El principal de ellos era la "sudafricanización" de la ciencia que, para Hofmeyer, no solo significaba que el trabajo científico se había establecido firmemente en el país sino, también, que Sudáfrica tenía algo único que aportar al mundo".

Una parte importante de las actividades de la sociedad estaba centrada en el área editorial. A finales de 1945 apareció el primer número del *Southern African Archaeological Bulletin* con Goodwin como editor. En un año se convirtió en una revista trimestral regular. Durante muchos años fue la única revista periódica de arqueología al sur del Sahara y sigue siendo la única revista de arqueología vernácula con un registro continuo de publicación (Deacon 1990). Los primeros diez volúmenes del boletín contienen 113 artículos largos y 109 más cortos. La lista de temas (reseñados por Malan en su discurso como presidente de la Sociedad en 1956) abarca trabajos sobre simios, restos de esqueletos de proto-humanos y humanos; las Edades de Piedra Temprana y Media; un número considerable de contribuciones sobre la Edad de Piedra Tardía; y un menor número de trabajos sobre lo que se denominó proto-historia y que, más tarde, sería la Edad de Hierro (incluyendo trabajos en el Gran Zimbabwe y Mapungubwe Hill).

Además del boletín la sociedad publicó manuales destinados a ser "guías para nuevos miembros que requieren acceso a los datos básicos de nuestro tema", así como obras de referencia "para el investigador" (Malan 1956: 32). El primero de ellos, *Method in Prehistory* [*Método en la prehistoria*] (Goodwin 1945), tiene secciones sobre "investigación de campo", "excavación", "creencias y entierros" y "artes y oficios primitivos". *The loom of prehistory* [*El telar de la prehistoria*] (Goodwin 1946), el segundo manual, tuvo la intención de actualizar *The Stone Age cultures of South Africa* [*Las culturas de la Edad de Piedra de Sudáfrica*].

En la literatura arqueológica de esa época era frecuente hacer referencia a "las necesidades del hombre común" y a "la necesidad de involucrar al hombre de la calle"[8] pero en el periodo entre 1923 y 1953 la arqueología en el país era entera y exclusivamente un fenómeno de la sociedad de colonos. Esto puede parecer menos sorprendente de lo que es. En

---

8 Estas expresiones son de Inskeep (1970: 83), quien escribió en el boletín sobre el contexto social de la postguerra en Sudáfrica.

ese periodo, después de todo, surgió en las colonias un gran número de organizaciones de aficionados, científicas y de otro tipo, con una membresía blanca o en gran parte blanca. Lo que lo hace notable en este caso es que la arqueología, como disciplina, tenía que ver, fundamentalmente, con la experiencia africana negra. Esto me lleva a la paradoja definidora de la arqueología colonialista: que era posible —de hecho, era completamente normal— practicar la arqueología africana sin saber, o querer saber, nada de la gente africana *per se*. Como señaló Goodwin (1935: 1), consumado sintetizador arqueológico y etnólogo de tiempo parcial, en el pasaje que he tomado como el segundo de mis epígrafes "Entendemos al africano tan poco como él nos entiende a nosotros". Hacer arqueología implicaba una serie de supresiones, puntos ciegos, constricciones de la imaginación impuestas por mano propia y, sobre todo, indiferencia hacia el presente de África. De hecho, en un sentido metafórico amplio y, también, en el más literal de los sentidos, hacer arqueología implicaba mirar a través de los paisajes presentes, con su desorden de aspiración política y cambio cultural, para encontrar las huellas de un pasado imaginado enterrado bajo tierra.

El Congreso Panafricano y el eclipse de la prehistoria

Si las prácticas y la semántica de la arqueología implican una política general los acontecimientos de la postguerra dan una idea más detallada de la naturaleza de su inserción política. Como Tobias (1978) señaló, al final de la guerra Louis y Mary Leakey estaban dando forma a la idea de invitar colegas de todo el mundo para visitar algunos de los yacimientos importantes de África oriental. Con el apoyo financiero del gobierno de Kenia organizaron lo que se convertiría en la primera reunión del Congreso Panafricano de Prehistoria en Nairobi en enero de 1947. El prestigio de la reunión fue tan grande que Smuts, entonces primer ministro de Sudáfrica, "tuvo la gentileza de poner un avión de la Fuerza Aérea a disposición de la delegación de su país para llevarla a Nairobi"

(Tobias 1978: 6). En ese avión también viajaron delegados de los territorios vecinos de Rodesia del Norte y del Sur, Angola y Mozambique. El avión voló por el gran valle del Rift; "el piloto aceptaba cualquier sugerencia razonable y pudieron obtener excelentes vistas aéreas de los cráteres volcánicos y de los lagos del valle del Rift mientras volaban hacia el norte". Las deliberaciones de la reunión se llevaron a cabo en el salón del Concejo de la Municipalidad de Nairobi. El abate Breuil actuó como presidente, van Riet Lowe y Camille Arambourg como vicepresidentes y Louis Leakey como secretario general. La delegación sudafricana llevó la invitación de Smuts para acoger el Segundo Congreso Panafricano en Sudáfrica en 1951, un gesto apropiado en una asociación bi-regional que se estaba desarrollando.

Dos acontecimientos intervinieron para cancelar esta vinculación de Sudáfrica con Kenia por un lugar en la vanguardia de la investigación arqueológica en el continente. El primero fue la elección de 1948 en la que el Partido Nacional de Malan llegó al poder con una plataforma de apartheid. El segundo fue la muerte de Smuts en 1950. El número de diciembre del boletín publicó un obituario (enmarcado en negro) en vez de un editorial. Goodwin (1950a: 125) escribió: "Con la muerte del general hemos llegado al final de un periodo; un periodo sudafricano tan formativo y claro en sus implicaciones como los periodos victoriano e isabelinos en Gran Bretaña". Pronto quedó claro que el nuevo gobierno estaba decidido a rescindir la invitación de Smuts para acoger el segundo Congreso. En una serie de editoriales cada vez más amargos Goodwin (1950b, 1950c) lamentó esta pérdida de mecenazgo político y la sensación creciente de aislamiento de la arqueología: "Tenemos los materiales, tenemos la voluntad, tenemos los hombres; solo nos falta el apoyo esencial de nuestro propio gobierno en este caso particular". Más tarde escribió:

> Ya no hay noticias del Segundo Congreso Panafricano de Prehistoria, que se celebraría en 1951. La brillante inspiración de Leakey parece haber estado muy adelante de su tiempo. Tal vez

(al ritmo del buey) habremos alcanzado un nivel cultural adecuado en 2051 DC siguiendo el ejemplo valiente de Kenia (Goodwin 1950b: 41-42).

De hecho, este fue el comienzo de un periodo de barbecho para la disciplina. Ray Inskeep, quien reemplazó a Goodwin en la Universidad de Ciudad del Cabo, habló sobre el estado de abandono en que se encontraba la arqueología en su discurso en la reunión anual de la Asociación de Museos de Sudáfrica en abril de 1961:

> [Sudáfrica] bien puede reclamar la distinción de haber liderado el campo en las primeras etapas de la investigación arqueológica en África al sur del Sahara [pero] estos logros meritorios pertenecen a una generación anterior y tenemos que preguntarnos, seriamente, si en el momento actual los logros del pasado no se han dejado caer en el abandono. Ciertamente, cuando miramos de cerca los servicios oficiales, como los Museos Nacionales y las Comisiones para la Preservación de Monumentos Históricos y Naturales… es evidente que actualmente una serie de territorios más pequeños en el norte está llevando a cabo acciones más activas e inteligentes que Sudáfrica (Inskeep 1961: 225-277).

Este pronóstico sombrío fue confirmado cuando en 1962 el Servicio Arqueológico se cerró como un departamento del gobierno y se transfirió a la Universidad de Witwatersrand.

La rabia de Goodwin da la clave. En el periodo 1923-1948 la arqueología sudafricana se desarrolló en un clima y un contexto políticos particulares, personificados por Smuts. Aunque ese clima fue indiferente hacia el sentimiento anticolonial y nacionalista africano se opuso a las formas más extremas del nacionalismo de los colonos. La arqueología, como la política personal de Smuts, fue realizada en un escenario más amplio que dio expresión geográfica al transnacionalismo del Imperio Británico. Sus escenarios fueron las reuniones de la Asociación Británica, la Asociación Sudafricana y (brevemente) el Congreso Panafricano de Prehistoria. Los estudios prehistóricos, con Smuts como promotor, surgieron durante un breve periodo como la forma principal de búsqueda científica en el contexto más amplio de los estudios sudafricanos. En el corazón de este desarrollo había una nueva valoración de las formas de conocimiento asociadas con el pasado prehistórico que, a su vez, dio la información para una identidad nacional emergente. La singularidad del registro fósil del país y la riqueza de los sitios pintados y de los yacimientos arqueológicos dieron sustancia a la idea de la Unión y colocaron a Sudáfrica en una relación específica con otras partes del imperio, sobre todo con África oriental. Su subtexto fue que en materia de ciencia prehistórica Sudáfrica podía tratar en igualdad de condiciones con todos los interesados, incluyendo la metrópoli (una afirmación que fue muy discutida por los arqueólogos británicos).

Una concepción general del pasado, que había estado en formación casi desde los primeros momentos del contacto y que dejó un registro sustancial de publicaciones después de 1860, fue disciplinada y localizada después de 1923 en términos de un conjunto de culturas, industrias, formas de vida y modos de producción. Este imaginario arqueológico se puso a disposición de dos maneras: como textos (informes de sitios, síntesis y artículos especulativos, expresados en la terminología formal de la disciplina) y como puntos en el paisaje, en el que cada topónimo denotaba un sitio notable o un descubrimiento. Uno podía leer (o escribir) el texto y también podía visitar el sitio y ver, tocar, sentir y oler "el pasado".

Después de 1948 hubo una marcada transformación de la relación social y estatal con el pasado, cuyas raíces descansan en las décadas de 1920 y 1930, pero esta vez no en Taung, Makapansgat y la cueva Oakhurst y en la disciplina emergente de la arqueología sino en el teatro político que rodea las recreaciones de la Gran Marcha hechas a mediados de la década de 1930 y en el surgimiento del nacionalismo afrikaner como fuerza política. A partir de entonces la imaginación histórica del Estado sudafricano crujiría con las carretas de bueyes de los pioneros afrikaners, resonaría con los rifles de Blood River y haría eco a los gritos de los caídos. El panafricanismo y la anglofilia coloniales de la arqueología emergente fueron reemplazados por el provincianismo del nacionalismo afrikaner. El extraño crepúsculo ocluido de la prehistoria —parte fantasía, parte artefacto material— fue eclipsado por las narrativas de la historia sagrada afrikaner.

Como si subrayara esta sustitución en la conciencia histórica nacional el periodo 1951-1952 iba a ser notable, no por la celebración del Segundo Congreso Panafricano de Prehistoria sino por el tricentenario de Jan y Maria van Riebeeck y por la recreación de la llegada del colonialismo a estas costas (Witz 2003). No fue sino hasta finales de la década de 1960 y principios de la década de 1970 que la arqueología fue reestablecida en los asuntos de Sudáfrica, esta vez en un contexto muy diferente, como parte del aparato cultural general del Estado modernizador del apartheid con dinero para gastar en museos y universidades. Esto implicaría a la arqueología en un conjunto nuevo y diferente de compromisos y acomodaciones que daría forma a la naturaleza de la disciplina; pero, como dicen, esa es otra historia y debe esperar el momento adecuado.

La política de la arqueología en África

Introducción: una nota sobre método

"África es variada", escribió Kwame Anthony Appiah (1992) desafiando el mito eurocéntrico de un continente unitario e inmutable. La política de la arqueología en África no ha estado menos marcada por la variedad. De los sabios que acompañaron al ejército de Napoleón en la conquista de Egipto a los arqueólogos ferozmente nacionalistas de la independencia de África, de las agendas abiertamente colonialistas de los primeros investigadores a los debates contemporáneos sobre los orígenes humanos y la diversificación racial y de los proyectos de excavación dirigidos a descubrir las glorias de los Estados indígenas a aquellos destinados a recordar los horrores de la esclavitud, los arqueólogos han estado implicados en luchas y debates abiertamente políticos. Como era de esperar de una disciplina que tiene como campo de trabajo nada menos que la narrativa de los orígenes humanos y la emergencia de la cultura y la sociedad esos lugares de identificación política abarcan temas como raza, cultura e identidad y han colocado el conocimiento construido por la arqueología en relación con los fenómenos del colonialismo, el nacionalismo, el apartheid, la esclavitud y el neocolonialismo.

Sin embargo, a pesar de esta red de asociaciones e implicaciones políticas las referencias a la política de la arqueología en África son pocas y distantes entre sí. De hecho, como tema para un ensayo sintético la política de la arqueología en África apenas existe —y si existe yace bajo el horizonte de visibilidad de los métodos académicos normales—. Las razones que lo explican son interesantes pero están fuera del alcance de este artículo. En pocas palabras, tienen que ver, en primer lugar, con la naturaleza de las ciencias coloniales, dedicadas a una versión particular del conocimiento naturalizado. En segundo lugar, tienen que ver con la influencia de la Nueva Arqueología que, en su preocupación por rehacer la arqueología como ciencia positivista, rechazó la idea de que el conocimiento se construye dentro de contextos culturales, políticos y económicos. Más recientemente una de las preocupaciones centrales de las arqueologías postprocesuales ha sido mostrar el carácter construido del trabajo, la escritura y la práctica arqueológicos —y, por extensión, su naturaleza inevitablemente política (Bapty y Yates, eds., 1990; Hodder 1994; Shanks y Tilley 1987a, 1987b)—.

En este artículo de revisión he sido más enfático de lo habitual, desde un punto de vista metodológico, puesto que el principal trabajo ha sido leer a través de los textos para llegar a su contenido y contexto políticos enterrados. Los trabajos revisados se dividen en tres categorías. El primer grupo está compuesto por obras cuya naturaleza política no es reconocida por sus autores pero que revelan aspectos de los contextos sociales, económicos e intelectuales de la práctica arqueológica o que revelan detalles que, en retrospectiva, parecen políticos. En la segunda categoría hay obras que comentan temas —como el comercio ilícito de antigüedades o la crisis de recursos en la arqueología— que asumo de naturaleza política. La tercera categoría está compuesta por un pequeño número de obras que trata, directamente, con la política de la práctica arqueológica. Esta categoría se divide en dos subgrupos: obras que se ocupan de la política intradisciplinaria, como la competencia por recursos, el acceso a oportunidades de investigación y la impugnación de programas de investigación; y obras que se ocupan de contextos políticos más amplios, como la implicación de la arqueología en los proyectos de memoria e identidad, los procesos de construcción de la nación y las ofertas de reparación o retribución. Casi todas las obras en esta categoría, con algunas excepciones importantes, son recientes y se encuentran en un pequeño número de sitios. En la década de 1990 la revista *African Archaeological Review* fue un foro importante para la discusión de la política de la práctica arqueológica. Una obra clave fue el libro editado por Robertshaw (1990), que sigue siendo la historiografía más completa de la arqueología africana.

La mayor parte de este artículo está centrada en la arqueología del sur de África por tres razones. La primera es que es la región con la que estoy más familiarizado. Puesto que una revisión completa es imposible en un texto de este tipo he optado por pensar que algún tipo de enfoque es inevitable. La segunda es que tiene una de las tradiciones mejor documentadas de la práctica arqueológica en el continente. La tercera es que ha sido un sitio particularmente agudo de contestación política. A mediados de la década de 1980 los acontecimientos en Sudáfrica impulsaron una crisis en la arqueología mundial que dividió a la Unión Internacional de Ciencias Prehistóricas y Protohistóricas (IUPPS). En la medida en que el sur de África ha funcionado como un microcosmos y como un desarrollo in extremis de la política de la arqueología en África forma un caso de estudio apropiado.

Puntos de referencia

Puesto que el terreno ha sido mal cartografiado parece aconsejable dar algunos puntos cardinales desde el principio. Adoptaré —con reservas— la útil tipología de Trigger sobre las formas de práctica arqueológica. Trigger (1984) dividió el campo disciplinar en una serie de "arqueologías alternativas", cada una determinada por su posición en y su orientación hacia una división global de la riqueza y el poder. Los procesos históricos mundiales que identificó como determinantes fueron el nacionalismo, el colonialismo y el imperialismo. Cada uno dio lugar a un tipo de práctica arqueológica, a su sombra, que replicó sus relaciones dominantes, compartió sus características distintivas y reiteró su estilo de operación y práctica.

Las arqueologías nacionalistas tienden a glorificar un pasado nacional y a fomentar un espíritu de unidad y cooperación. Las arqueologías colonialistas tienden a denigrar de las sociedades nativas, representándolas como estáticas y carentes de iniciativa para desarrollarse sin estímulos externos; de esa manera tratan de legitimar diversos proyectos coloniales. Las arqueologías imperialistas tienen "una misión mundial"; su objetivo es influir en el desarrollo de la disciplina mucho más allá de las fronteras de los países en los que surgen. Las arqueologías imperialistas están asociadas con un puñado de Estados que han disfrutado de una influencia política y económica desproporcionada. En el caso del desarrollo de la arqueología en África estos han sido los Estados de Europa con posesiones coloniales en el continente. A partir de la década de 1960 los Estados Unidos se han convertido en la influencia metropolitana dominante en la arqueología en África, sobre todo en los campos de más alto perfil (investigación sobre los orígenes humanos, egiptología, desarrollo de las sociedades estatales en África occidental).

La tipología de Trigger ha sido retomada y reafirmada por los arqueólogos que trabajan en África (Hall 1990; Holl 1990; Shepherd 1998) pero también ha sido desafiada (Deacon 1990; Kense 1990; Robertshaw 1990). Trigger (1990) reiteró su tipología en el contexto específico del desarrollo de la arqueología en África (1990). La arqueología europea se ha interesado, recientemente, en el nacionalismo como un contexto formativo en el desarrollo de la disciplina (Atkinson *et al*. 1996; Díaz-Andreu y Champion 1996; Kohl y Fawcett, eds., 1995). En el caso de la arqueología africana pienso que el colonialismo y sus procesos asociados proporcionaron los contextos formativos dominantes pero también reconozco el nacionalismo como una fuerza fundamental en las arqueologías anticoloniales y postcoloniales.

En cuanto al lugar de la arqueología en un proyecto más amplio de construcción del conocimiento, en la medida en que tuvo lugar en contextos coloniales, existe un importante cuerpo de literatura bajo el título de "estudios postcoloniales" (Bhabha 1994; Said 1978, 1993; Spivak 1987). Para esta revisión tomaré algunos puntos de referencia de la obra de Mary Louise Pratt. Pratt (1992) estableció los orígenes de este proyecto de construcción de conocimiento en una "sistematización de la naturaleza" después de Linneo, realizada en términos de "un nuevo tipo de conciencia planetaria eurocéntrica": "Cubrió la superficie del globo y especificó plantas y animales en términos visuales como entidades discretas, subsumiéndolos y reensamblándolos en un orden finito y totalizador de hechura europea" (Pratt 1992: 38). Este "proyecto de historia natural determinó muchos tipos de prácticas sociales y significantes", incluida la arqueología. Pratt llamó a este proyecto "anticonquista" para distinguirlo de formas más directas de apropiación.

Para Pratt los agentes de la anticonquista, los hombres de ciencia que siguieron los pasos de las expediciones militares en los territorios recién conquistados, poseían una curiosa inocencia que describió en términos de la valoración explícita de esos nuevos proyectos de construcción del conocimiento. Armados con los ejemplos de sus antepasados, y con la luz de la ciencia en sus ojos, salieron para encontrar paisajes coloniales y sociedades nativas. En el caso de la arqueología esto permitió a los practicantes excavar lugares sagrados, competir por los esqueletos de las personas indígenas recién fallecidas y exportar los tesoros culturales de África —todo en términos de una definición normativa de la práctica científica—. El efecto de la anticonquista fue desplazar los sistemas locales e indígenas de conocimiento; también sirvió para "respaldar" la apropiación colonial (Pratt 1992: 53). La arqueología no fue un medio neutral para descubrir historias preexistentes enterradas en los paisajes coloniales sino una disciplina que construyó, activamente, los pasados arqueológicos sobre y contra las concepciones locales e indígenas de los tiempos pasados.

¿Cuáles son los nodos particulares de impugnación y los puntos de fricción en el paisaje disciplinario dentro del cual opera la arqueología en África? Inicialmente aparecen de la siguiente manera: en primer lugar, el hecho de que la arqueología de África ha sido realizada por profesionales no indígenas, para quienes los paisajes africanos son exóticos y los pueblos y culturas figuran como "otros". En segundo lugar, el hecho de que la arqueología se basa, con frecuencia, en metodologías intrusivas que destruyen los sitios y lugares sagrados en el proceso de investigación. En tercer lugar, el hecho de que el campo del pasado ha asumido un significado especial para los movimientos y comentaristas anticoloniales y postcoloniales. En cuarto lugar, el hecho de que la excavación es una práctica material que involucra a los arqueólogos en relaciones de trabajo y puede dar lugar a productos de un alto valor intrínseco que tienden a circular en redes paralelas de cambio. En quinto lugar, el hecho de que la arqueología se encarga de la investigación de prácticas culturales y productos que pueden ser protegidos por ritos, observancias y valores culturales de secreto e intimidad. Por último, el hecho de que la arqueología fue parte de un proyecto más amplio de producción de conocimiento, desigual desde su inicio, y aún sigue siéndolo. Para un arqueólogo africano incapaz de ir al campo por falta de repuestos para su vehículo, sin acceso a las revistas actuales y sin posibilidad de mejoría debido a que sus creencias políticas no son las del partido en el poder la arqueología es menos una ciencia desinteresada que una ocupación abiertamente política ligada a los tipos de cambio, las políticas del Fondo Monetario Internacional y la mecánica del mecenazgo y la supervivencia.

Arqueología y colonialismo

La arqueología, como disciplina y como idea, fue introducida en África como parte del proceso de expansión colonial. Una curiosidad por los antecedentes y un sentido de la historia representada en objetos materiales del pasado parecen ser generales en las sociedades humanas en todo el mundo. Pierre de Maret (1990), por ejemplo, reportó una "devoción por el pasado" entre la mayoría de los pueblos subsaharianos. Este interés se extiende a las reliquias materiales del pasado: "Las tradiciones orales proporcionan numerosos ejemplos de una relación entre las reliquias materiales del pasado y la historia de un pueblo" (De Maret 1990: 111). Sin embargo, las metodologías, paradigmas, procedimientos y protocolos para reportar y exponer que constituyen la disciplina de la arqueología —en contraposición a las arqueologías informales o populares— se originan en contextos históricos e intelectuales específicos de las sociedades del noroccidente de Europa en los siglos XVIII y XIX, entre ellos la Ilustración, el aumento de la producción capitalista y, no menos importante, el colonialismo. La disciplina recién constituida figuró en un nexo complejo: una nueva valoración del objeto material asociado con el desarrollo de la producción capitalista; una curiosidad por antecedentes y una nueva fe en el método científico; y un estado de alerta hacia la diversidad de la cultura y las experiencias humanas revelada en el curso de la expansión colonial (Tilley 1990; Trigger 1981, 1989). Su exportación a otras partes del mundo tuvo lugar como parte de una transferencia más general de bienes, tecnologías e ideas.

En los Estados coloniales de África la relación entre el colonialismo y el desarrollo de la arqueología difícilmente podría haber sido más directa. Muchos de los primeros arqueólogos practicantes eran empleados del Estado colonial. Augustin Holl (1990: 298) señaló que los primeros informes de investigación arqueológica en África occidental se publicaron entre 1870 y 1900:

> En ese momento las potencias coloniales se dedicaban a explorar sus nuevos territorios; a menudo se organizaron grandes expediciones. Muchas expediciones encabezadas por oficiales del ejército cruzaron el Sahara de norte a sur... y de oeste a este, de Dakar a Djibuti. En este proceso de "pacificación" los participantes registraron diversos tipos de información sobre pueblos, lenguas, costumbres, geografía, geología, tradiciones y hallazgos arqueológicos. Por lo tanto, es bastante lógico que los primeros informes arqueológicos sobre África occidental fueran escritos por militares, médicos, maestros de escuela y sacerdotes.

En este proceso las influencias fueron mutuas. Holl (1990: 298) señaló que "Muchas de las personas que participaron activamente en el colonialismo jugaron un papel importante en el surgimiento de la arqueología francesa como disciplina autónoma". De Barros (1990: 158) escribió sobre el África occidental francófona entre 1900 y 1940:

> Durante este periodo la arqueología fue hecha por administradores coloniales, militares, funcionarios civiles y personal técnico (generalmente geólogos)… Las colecciones de artefactos eran, principalmente, hallazgos de superficie obtenidos durante expediciones militares, científicas y mineras o descubiertos accidentalmente durante la construcción de varios proyectos coloniales.

Al escribir sobre la arqueología de África central De Maret (1990: 114) señaló:

> Los archivos de Tervuren… dan testimonio de la pasión por la colección de artefactos líticos y uno queda sorprendido por el conocimiento de la prehistoria y su vocabulario especializado que tenían los funcionarios del Estado independiente, así como los empresarios, ingenieros y militares.

Bernard Fagg, una de las figuras formativas en la arqueología de Nigeria, comenzó su carrera como Oficial Asistente de Distrito en el Servicio Administrativo de Nigeria. Su primera excavación en Rop Shelter Rock tuvo lugar en 1944, con un permiso de la administración colonial (Kense 1990). Peter Sheppard (1990) llamó a su relato del desarrollo de la arqueología del norte de África *Soldiers and bureaucrats: the early history of prehistoric archaeology in the Maghreb* [*Soldados y burócratas: la historia inicial de la arqueología prehistórica en el Magreb*].

La arqueología aparece en este contexto como una de las formas de investigación científica que mediaron el encuentro entre los agentes del colonialismo, el público en la metropolis y las personas, culturas y territorios desconocidos con los que entraron en contacto. La relación entre la arqueología y el colonialismo fue la relación entre el conocimiento y el poder. Por un lado, los procesos políticos y económicos del colonialismo sirvieron para permitir el reconocimiento de nuevos territorios; por otro, la arqueología fue una poderosa forma de legitimación del proyecto colonial.

Disciplinando la arqueología

A partir de la década de 1920 —y, en algunos casos, un poco antes— la arqueología en África cayó en manos de profesionales capacitados que trabajaban en contextos institucionalizados, aportaron un sentido de orden y sistematización fundado en organizaciones profesionales y establecieron los espacios institucionales en los que sería practicada la disciplina. En 1923 el arqueólogo sudafricano John Goodwin regresó de Cambridge para ocupar un cargo en la Universidad de Ciudad del Cabo. En presentaciones y publicaciones en los años siguientes propuso una tipología local de la Edad de Piedra y una nomenclatura indígena que, desde entonces, se convirtieron en norma en el África subsahariana (Goodwin 1958; Goodwin y van Riet Lowe 1929; Malan 1970). En aproximadamente el mismo periodo Louis Leakey inició sus investigaciones en Kenia.

Aunque la arqueología emergente situó su proyecto cerca de los centros de poder colonial en África los detalles de esta relación y la posición de los arqueólogos fueron más complejos de lo que parece a primera vista. De Maret (1990), por ejemplo, señaló que casi todos los arqueólogos que trabajaban en el Congo estudiaron en la Universidad Libre de Bruselas y no en la Universidad Católica de Lovaina, más conservadora: "Puesto que esta división no estaba vinculada a la existencia de cursos parece indicar que una propensión por la arqueología africana correspondió a una cierta filosofía liberal" (De Maret 1990: 134). Por eso es importante especificar las posiciones de los arqueólogos africanos, así como las alianzas y las ideas que estructuraron sus relaciones políticas.

Con la profesionalización de la arqueología en África emergió una tensión importante entre las metrópolis arqueológicas en Europa y sus retoños en las colonias. John Goodwin, quien sufrió las lealtades divididas del colono y del expatriado, vio como sus materiales eran robados bajo sus narices por su mentor en Cambridge, Myles Burkitt, quien envió su libro a la imprenta un año antes que Goodwin y van Riet Lowe enviaran el suyo, *The Stone Age cultures of South Africa* [*Las culturas de la Edad de Piedra de Sudáfrica*]. Philip Tobias (1978) señaló que un resultado importante del Primer Congreso Panafricano de Prehistoria, celebrado en Nairobi en 1947, fue la visita al Transvaal de Le Gros Clark, profesor de anatomía en Oxford, para ver las colecciones de fósiles. Su verificación independiente del material *Australopithecus* abrió la puerta a una nueva evaluación de los primeros homínidos africanos y dio a Dart, Broom y otros el reconocimiento que se les había negado durante dos décadas.

En un incidente muy reportado que ocurrió en la reunión de 1929 de la Asociación Británica para el Avance de la Ciencia en Johannesburgo Gertrude Caton Thompson siguió la opinión de los colonos y de la institucionalidad arqueológica local al proclamar la naturaleza "esencialmente africana" del Gran Zimbabwe (Hall 1996). Sin embargo, como señaló Hall (1996), los argumentos que usó son instructivos. Caton Thompson siguió las ideas de Randall-MacIver, quien dijo que la "Cultura Zimbabwe" no llegó muy lejos, y escribió:

> La arquitectura en Zimbabwe, aparentemente imitativa de un prototipo de barro, me llama la atención, esencialmente, como el producto de una mente infantil, una mente pre-lógica, una mente que habiendo descubierto la manera de hacer una cosa la repite, infantilmente, independientemente de la incongruencia (1931: 103).

El Gran Zimbabwe podía ser africano porque era insuficientemente desarrollado como para ser europeo.

A pesar de que fueron pioneros de una nueva terminología para la Edad de Piedra, Goodwin y van Riet Lowe (1929: 3) siguieron convencidos de que estaban trabajando en una parte del mundo que había sido un callejón de salida evolutivo o, como escribieron, "un hueco del que nada tangible retorna". En su opinión el Sahara actuó como una barrera que impidió el movimiento de culturas del sur al norte pero permitió que las culturas "superiores" pasaran de Europa a África. En esta época, supuestamente, Goodwin financió sus viajes de campo con su salario de profesor. Osados intelectualmente y apasionadamente comprometidos, fueron típicos de su tiempo, como señala Deacon (1990: 46), en cuanto a sus temas arqueológicos como "beneficiarios indefensos de oleadas sucesivas de innovación de Europa, la fuente del conocimiento e invención".

Esta conjunción precisa, con su mezcla de paternalismo y sentimentalismo y su deferencia instintiva hacia la metrópoli, está muy bien capturada en un editorial de la revista *Antiquity* sobre "La formación de los arqueólogos", reproducido en el *Southern African Archaeological Bulletin* (1947: 97). Empieza por llamar la atención sobre la "necesidad apremiante en el ámbito de la arqueología en todo el mundo, particularmente a aquellas extensas regiones que están bajo gobierno británico". Habla de la necesidad de crear cargos de arqueología en Sudán, Eritrea, Somalia, Kenia y Nigeria y de la necesidad de formar profesionales locales para ocuparlos:

> Pero uno podría ir aún más atrás, enfatizando el hecho de que los "nuevos" países sólo son nuevos para nosotros los europeos; han tenido su propia historia que sólo puede ser descubierta y recreada por medio de la excavación y otras técnicas arqueológicas, que podemos y debemos enseñarles... Bajo la dirección adecuada los pueblos primitivos pueden hacer trabajo arqueológico.

Arqueología y nacionalismo

Si las arqueologías colonialistas frecuentemente denigraron de los logros de las sociedades nativas las arqueologías nacionalistas han tendido a hacer lo contrario. Una preocupación generalizada con el pasado ha jugado un papel importante en la retórica y la práctica nacionalista y anticolonial en África. Según Steve Biko (1978: 95), activista antiapartheid y articulador de la Conciencia Negra, "el colonialismo nunca está satisfecho con tener al nativo en su puño sino que, por alguna extraña lógica, debe volverse hacia el pasado para desfigurarlo y distorsionarlo". En un ensayo titulado "Nosotros los negros" señaló: "Un pueblo sin una historia positiva es como un vehículo sin motor" (Biko 1978: 29). En palabras de Chinweizu:

> [...] la historia colonialista de África fue compuesta como una canción de desorientación... La falsa imagen de África que inventó fue una bala paralizante para nuestras almas. Si vamos a despertar de la parálisis inducida tenemos que luchar contra la imagen, cambiar esa canción, elaborar un mapa correcto (1987: 75).

Frantz Fanon, quizás el más elocuente de los escritores anticoloniales, escribió: "Mientras los políticos sitúan su acción en los eventos contemporáneos los hombres de la cultura toman su posición en el campo de la historia". También escribió sobre "la secreta esperanza de descubrir más allá de la miseria actual, más allá del autodesprecio, de la resignación y la abjuración, una era muy hermosa y espléndida cuya existencia nos rehabilita con respecto a nosotros mismos y los demás" (1967: 168-169).

Tal vez la mejor expresión arqueológica de este imperativo se encuentra en la obra del intelectual senegalés Cheikh Anta Diop (1974, 1979, 1981, 1989, 1996). Diop se preocupó por reclamar el antiguo Egipto para la academia de África y para la historia cultural africana. En un aspecto más controvertido de su obra afirmó que el valle del Nilo fue el punto de origen de varios pueblos africanos, desde los fulani hasta los zulúes, y utilizó la evidencia arqueológica para trazar sus rutas migratorias. Aunque la obra de Diop ha sido ampliamente criticada Martin Hall (1996: 37) señaló que "ha sido muy eficaz en la demolición de los principios de las historias coloniales de África" y que el interés reciente por la obra de Martin Bernal (1991) ha servido para centrar la atención en los historiadores de la negritud, como Diop.

Más problemáticas son las arqueologías nacionalistas que han dejado de lado todas las restricciones en cuanto a someterse a las evidencias. Pocos sitios han sido objeto de nacionalismos rivales como Gran Zimbabwe. A pesar de trabajos arqueológicos creíbles realizados allí desde principios del siglo XX (Caton Thompson 1931; MacIver 1906; Robinson *et al.* 1961) el periodo del régimen del Frente de Rodesia en las décadas de 1960 y 1970 vio el resurgimiento de una historiografía nacionalista de colonos cuya piedra angular fue la noción de los orígenes exóticos del sitio. Garlake (1982: 11) anotó: "Varias publicaciones señalaron que los arqueólogos de Zimbabwe eran, en el mejor de los casos, herramientas equivocadas de enemigos del Estado con motivación política y, más probablemente, agentes traidores de una conspiración subversiva mundial" —sobre todo los trabajos de Bruwer(1965) y Gayre (1972)—.

El breve trabajo de Ken Mafuka (1983), *Dzimbahwe. Life and politics in the Golden Age 1100-1500 AD* [*Dzimbahwe. Vida y política en la Edad de Oro 1100-1500 DC*], fue escrito como una respuesta a una historiografía colonialista sobre Gran Zimbabwe. Es metodológicamente innovador en el uso de las fuentes orales para complementar la evidencia arqueológica; sin embargo, este enfoque se deshace cuando deja volar su imaginación. Mafuka (1983: 31) escribió que por debajo del nivel del rey había "una sociedad casi igualitaria", unida por el intercambio de regalos; esta fue "la mejor expresión de un espíritu socialista". En una parte del texto se preocupa por mostrar:

...] cómo, a pesar de todas las dificultades asociadas con ese edificio monumental, los habitantes del Gran Zimbabuwe tuvieron momentos de placer. De hecho, es sorprendente cómo los zimbabuenses, con muy pocos recursos materiales, fueron capaces de felicidad infinita. Tenían tal sentido del humor que eran capaces de reir hasta de las más áridas circunstancias. Este es un patrimonio que debería ser envidiado por la raza humana (Mafuka 1983: 24).

Arqueología y apartheid

Los relatos convencionales sobre la relación entre la arqueología y el apartheid en Sudáfrica tienden a tomar una de dos posibles direcciones: considerar la arqueología como de naturaleza fundamentalmente apolítica y distanciada, de forma segura, de los hechos políticos del apartheid (Deacon 1986, 1990; Sampson 1988) o presentar un panorama de la disciplina como una socia poco reconocida en la resistencia contra el régimen. Por ejemplo, en 1986, cuando los organizadores de una reunión de la IUPPS impusieron una prohibición a los participantes sudafricanos y namibios Thurston Shaw escribió: "Es triste que esto signifique excluir valientes sudafricanos que, por su trabajo, han contribuido a socavar la base teórica del apartheid. Estos estudiosos son, por así decirlo, combatientes clandestinos de la resistencia" (citado por Ucko 1990: 84).

De hecho, la relación entre la arqueología y el apartheid en Sudáfrica fue más ambigua de lo que sugiere ese relato. En el centro de esta relación hay una paradoja: ¿cómo una disciplina que trabajaba con material políticamente explosivo pudo ser apoyada, generosamente, por un Estado autoritario cuya seguridad podría haber amenazado y ser, al mismo tiempo, ignorada por los activistas antiapartheid y por los nacionalistas africanos? Porque, contra Biko y Fanon, los convincentes trabajos arqueológicos sobre las sociedades africanas precoloniales que existían a comienzos de la década de 1970 fueron ignorados, casi en su totalidad, por los movimientos de liberación en Sudáfrica y en el extranjero.

La suerte de la arqueología bajo el apartheid describe un camino interesante. En las décadas de 1930 y 1940 la arqueología sudafricana fue establecida bajo el patrocinio político de Jan Smuts, primer ministro y jefe del Partido Unido más moderado. En 1935 intervino, personalmente, para establecer la Oficina de Arqueología, que después se convirtió en el Servicio Arqueológico, bajo la dirección de Peter van Riet Lowe. Cuando el partido nacionalista afrikaner de Malan llegó al poder en 1948 con un programa de apartheid la institucionalidad arqueológica quedó mal parada. El nuevo gobierno rescindió la invitación que había hecho Smuts para que el Segundo Congreso Panafricano se realizara en el país. En aspectos cruciales la disciplina, que tendía a ser anglófila y parte de la red transnacional del Imperio Británico, estuvo en desacuerdo con la estrechez de miras de la política nacionalista afrikaner.

Siguieron años magros. Goodwin murió en 1959 y fue reemplazado por Ray Inskeep en lo que todavía era el único empleo universitario en la arqueología en el país. Poco después el Servicio Arqueológico fue cerrado como un departamento gubernamental. Sin embargo, a partir de finales de los años 1960 la disciplina comenzó un periodo de crecimiento exponencial, vinculado al aumento del gasto público en los museos y las universidades. Deacon (1990) informó que en 1970 había seis puestos universitarios para arqueólogos y diez puestos en los museos; en 1987 esta cifra había aumentado a un total combinado de casi sesenta puestos. El resurgimiento de la arqueología coincidió con un periodo de rápido crecimiento de la economía sudafricana, cuando un servicio arqueológico fue visto como parte del aparato cultural esencial de un Estado modernizador. A partir de entonces el gobierno del apartheid estaría en la inusual posición de apoyar, generosamente, una disciplina cuya obra principal residía en poner al descubierto la magnitud de los logros culturales negros.

En un par de artículos escritos en la década de 1980 Martin Hall (1984, 1990) abordó esa paradoja. Comenzó con una afirmación firme de la naturaleza inevitablemente política de la arqueología africana: "En los países donde la arqueología de los colonizados es practicada por los descendientes de los colonizadores el estudio del pasado debe tener una dimensión política" (Hall 1984: 455). Además, capturó la posición ambigua de la arqueología colonialista:

> Mientras que muchos arqueólogos se opusieron al uso de la historia y la prehistoria para la justificación de las políticas nacionalistas blancas la mayoría probablemente también se opuso al nacionalismo negro, que amenaza los órdenes sociales y económicas existentes y, por lo tanto, las instituciones desde las cuales se lleva a cabo la investigación arqueológica (Hall 1984: 462).

Hall (1990: 63) sugirió que los investigadores siguientes afrontaron esta contradicción de una de dos maneras: "Evitando temas impugnados e investigando periodos de la antigüedad menos controvertidos o refugiándose en análisis altamente técnicos que excluyen a todos, salvo a los acólitos de la profesión". Así, por ejemplo, John Schofield formuló y utilizó categorías tipológicas que "fueron desinfectadas por la numeración; era poco probable que etiquetas como NC2D, ST1 y TR1 fueran una afrenta para la conciencia de los colonos" (Hall 1990: 64). Los estudios contemporáneos sobre la Edad de Hierro vieron "la parcelación estricta de la información arqueológica en una forma técnica que los hizo ininteligibles más allá de la profesión". En lugar del material arqueológico, técnicamente difícil y deliberadamente oscuro, el movimiento de la Conciencia Negra recurrió a "una visión abstracta y utópica del pasado precolonial" (Hall 1990: 73). En el periodo postapartheid estas ambigüedades se han traducido en una especie de crisis de propósito.

La crisis de recursos en la arqueología africana

Para muchos países africanos la sensación de optimismo que acompañó a la independencia y las dos décadas de desarrollo de 1960 y 1970 dieron paso a un endeudamiento creciente, al desaliento en la década de 1980 y, en la década de 1990, a una sensación de crisis activa. Colin Leys (1994: 34) señaló que el ingreso per cápita ha disminuido en más de 2% al año desde 1980 y que "no hay perspectivas obvias de que esto se revierta en un futuro previsible". Actualmente la deuda de África es la más alta del mundo como proporción del PIB. En las últimas dos décadas las crisis sociales y económicas paralelas a la catastrófica pandemia del VIH/SIDA se han añadido a la lista de las cargas del continente.

En la práctica de la arqueología en África esto se ha sentido como una crisis de recursos. Después de un comienzo esperanzador en las décadas de 1960 y 1970 la última década ha visto la disminución de las arqueologías indígenas en África. Merrick Posnansky (1993) documentó el "colapso" de la arqueología de África occidental después de la crisis económica de finales de la década de 1970 y principios de la década de 1980. La década de 1960 amaneció como una era de esperanza y orgullo: "Las universidades, museos, ministerios de cultura y servicios de antigüedades figuraron, con fuerza, en los planes de desarrollo de los nuevos Estados emergentes". En Nigeria "todos los estados se las han ingeniado para tener una universidad y un museo" (Posnansky 1993: 143). A principios de la década de 1970 varios departamentos de arqueología en Nigeria estaban llevando a cabo investigación y formación y había un departamento floreciente en Ghana, con unidades de investigación más pequeñas en Abidjan y Dakar. El colapso que siguió a la retirada de fondos nacionales e internacionales fue traumático:

> Los arqueólogos en Ghana y Nigeria perdieron su capacidad de viajar al campo. Los proyectos raramente podían sostenerse. Los profesores importantes, tanto de África como expatriados, buscaron empleo fuera del país y los graduados enviados a estudiar en el extranjero nunca regresaron... Las oportunidades para la participación de los estudiantes en la investigación de campo a largo plazo se disiparon. Pocos libros llegaron a las bibliotecas y prácticamente ninguno llegó a las librerías universitarias (Posnansky 1993: 148).

En Ghana los salarios se redujeron a una quinta parte de sus niveles de 1960 en términos reales. En Benin los salarios de los arqueólogos estaban atrasados hasta seis meses.

Durante las tres últimas décadas la *African Archaeological Review* (AAE) ha prestado un valioso servicio al abrir sus páginas a los relatos de los arqueólogos africanos sobre los retos que enfrentan en su práctica cotidiana. Uno de ellos, "Arqueología africana: mirando hacia adelante", de Francis Musonda (1990), fue escrito como acompañamiento al artículo de Thurston Shaw (1989) "Arqueología africana: mirando hacia atrás y mirando hacia adelante". Musonda observó lo siguiente sobre la escena arqueológica en el sur de África:

> La turbulencia política, junto con la depresión de la economía mundial, ha jugado un papel importante en la disminución de la actividad arqueológica. El síndrome de la "fuga de cerebros" no ha disminuido... Los departamentos en las universidades siguen hambrientos de profesores y materiales de enseñanza mientras que los museos siguen sufriendo por falta de instalaciones de conservación y almacenamiento adecuadas y la publicación de resultados de investigación tiene aún menos prioridad (Musonda 1990: 12).

Musonda (1990: 12) citó una estadística reveladora en relación con la falta de financiación directa para los investigadores establecidos en África:

> Obtener financiación para los proyectos arqueológicos es uno de los ejercicios más frustrantes que un joven arqueólogo tiene que realizar... Más de 90% de los fondos de investigación otorgados a los arqueólogos africanos ha sido desembolsado durante su capacitación.

En un editorial titulado "Participación y relevancia" los editores de la AAR subrayaron la importancia de esta cifra: "Musonda… sugiere que muchos de sus contemporáneos fueron ignorados por los patrocinadores de ultramar después de que terminaron su formación de postgrado... En efecto, esta es una forma de explotación neocolonial" (Anónimo 1990: 1). Munene (1996: 88) informó que los arqueólogos en Kenia recurrieron a trabajos alternativos ante la disminución de los salarios: "Prácticamente todos los arqueólogos que trabajan en este país tienen un trabajo de tiempo completo más uno o más puestos de trabajo de tiempo parcial". En el mismo volumen Chapurukha Kusimba (1996: 166) informó:

> Muchos profesionales de los museos se han ido a las universidades a enseñar, han cambiado de profesión o han buscado empleo en Occidente. En una reciente visita a un museo encontré que muchos empleados jóvenes estaban enfrentando el aumento de la inflación saltándose el almuerzo y caminando hacia y desde el trabajo a sus residencias.

"Títere cultural en una cuerda"

El subdesarrollo de las arqueologías indígenas en África es el resultado de algo más que escasez de dinero o del hecho de que los servicios arqueológicos están vinculados a la suerte macroeconómica de los países en los que operan. También ha sido consecuencia de la falta de control, por parte de los arqueólogos africanos, de las agendas y prioridades de investigación. Posnansky señaló que las expediciones arqueológicas dirigidas por extranjeros continuaron en el periodo de crisis pero aportaron sus propios problemas:

> Con demasiada frecuencia muchos de los investigadores extranjeros han sido estudiantes de postgrado que trabajan con fondos limitados y que utilizan, pero no siempre reemplazan, los escasos equipos de trabajo de campo y que exportan sus hallazgos al extranjero para estudiarlos... [aunque] ahora sabemos mucho más sobre el pasado de África occidental que hace un cuarto de siglo hemos pagado un precio en sitios no conservados y una

toma de conciencia por los grupos equivocados, por las razones equivocadas, del valor intrínseco del patrimonio cultural (1993: 149-150).

Esta última afirmación merece atención. Podemos hacerlo a través del debate que ocurrió a mediados de la década de 1990 sobre quién fija la agenda en la arqueología africana. La publicación de ese debate es desarticulada pero entendible. En el congreso de 1994 de la Sociedad de Arqueólogos Africanistas (SAFA, antes conocida como Sociedad de Arqueólogos Africanistas en América) en la Universidad de Indiana se realizó una mesa redonda sobre la arqueología de África en el siglo XXI. Una expresión impresa de esa discusión fue un intercambio de opiniones publicado en la AAR bajo el título "El futuro de la arqueología africana", cuya distinción principal es el hecho de que la mayoría de los corresponsales es de América del Norte.

Una respuesta más inmediata fue publicada en *West African Journal of Archaeology* por Bassey Andah, A. Adande, Adebayo Folorunso y Obare Bagoda (1994) bajo el título de "La arqueología de África en el sigloXXI o África ¿títere cultural en una cuerda?" Su queja es que una organización, que describen como una "asociación africanista bien intencionada con sede en Estados Unidos y cuyos miembros son, en su mayoría, europeos y norteamericanos" (Andah *et al.* 1994: 153) se ha propuesto trazar el futuro de la arqueología africana, lo que para ellos equivale a una "segunda colonización". En una declaración que nos lleva al meollo del conflicto entre financiación y control escribieron:

> Sí, existe el problema de financiación adecuada pero mucho más importante es el establecimiento de la perspectiva cultural adecuada (verdaderamente africana) como base para la formación de todos los estudiantes —africanos y no africanos— que quieran entender África genuinamente en vez de querer imponer su competencia cultural sobre los pueblos y materiales africanos (Andah *et al.* 1994: 157).

El Congreso Arqueológico Mundial

En el congreso de 1983 de la Asociación de Arqueólogos del África del Sur en Gabarone los delegados de Mozambique presentaron una moción solicitando que la asociación condenara el apartheid y otras formas de discriminación (Hall 1990). En esa época el gobierno del apartheid patrocinaba una guerra encubierta contra el régimen elegido democráticamente en Mozambique. La mayoría de los participantes en ese congreso era de Sudáfrica y aunque podía oponerse a las políticas raciales del gobierno de su país "no apoyaba la participación explícita de su disciplina en la arena política" (Hall 1990: 75). La moción no fue votada y los delegados de Mozambique y Zimbabwe renunciaron a la asociación como protesta.

Esto desencadenó una serie de acontecimientos que llevó a que los arqueólogos de Namibia y Sudáfrica no fueran invitados al congreso de la UISPP celebrado en Southampton en 1986, en consonancia con el boicot académico contra el régimen sudafricano de entonces. Los eventos que rodearon el Primer Congreso Arqueológico Mundial (WAC) constituyen la crisis política más fuerte ocurrida en la arqueología mundial en los últimos tiempos —y, quizás apropiadamente, la manzana de la discordia fue la relación entre la arqueología y el apartheid—. La persona en el centro de los acontecimientos, Peter Ucko (1990), describió la división que se creó en el contexto internacional de los arqueólogos, que aún persiste. La posición de principios adoptada por los organizadores del Congreso Arqueológico Mundial fue ser exonerados de los sucesos de los principios de la década de 1990 y la transformación política en Sudáfrica. En un giro halagüeño el cuarto Congreso Arqueológico Mundial se realizó en Ciudad del Cabo en 1999.

Etnoarqueología

Desde hace algún tiempo África ha atraído la atención como un lugar de investigación etnoarqueológica pero, como era de esperar de un continente en el que las nociones de primitivismo y progreso se han definido a través del colonialismo, el campo ha estado fuertemente dividido. Una vez más el debate fue útilmente resumido por la *African Archaeological Review*. En el primer volumen John Atherton (1983: 77, 93) escribió con entusiasmo sobre lo que llamó "arqueología viva" en África:

> En muchas zonas de África la influencia Occidental en la cultura material sigue siendo muy limitada y se puede obtener mucha información por el participante-observador... Aunque la información se pierde con la muerte de cada anciano africano en la mayor parte de África todavía es posible preservar una enorme cantidad de datos relacionados con la cultura material tradicional.

El artículo de Atherton y otros como él provocaron la respuesta editorial de David Phillipson (1989: 1), quien escribió que los arqueólogos de África prestan atención a los detalles de los estilos de vida y a las creencias de las sociedades africanas contemporáneas pero allí:

> [...] hay un peligro insidioso... Las opiniones de esos estudiosos todavía están expresadas en términos de un statu quo atemporal, casi mítico, que ignora los grandes cambios económicos y sociales que han tenido lugar en muchas partes de África durante las últimas décadas. [Esto los lleva a] presentar esos intentos de reconstrucción de las prácticas tradicionales en tiempo presente, a menudo vinculándolos a designaciones "tribales".

Phillipson (1989: 1) escribió que "debemos desterrar el "presente etnográfico", por intangible, engañoso y, sobre todo, anticuado". En una crítica igualmente incisiva de la etnoarqueología publicada en el volumen siguiente de la AAR Kofi Agorsah (1990: 191) señaló: "África ha sido designada como el laboratorio o campo de pruebas de las ideas etnoarqueológicas que se han generado en otros lugares". También problematizó la noción de etnicidad: en lugar de ser una construcción atemporal hizo hincapié en su "fluidez y multidimensionalidad". Escribió que la etnoarqueología en África debía ser "rescatada del estudio obsesivo de solo los llamados grupos de cazadores-recolectores" y debía tomar como tema las "sociedades modernas y tradicionales" (Agorsah 1990: 203).

El saqueo del pasado

A fines de la década de 1990 se publicaron dos obras con títulos similares. *Plundering Africa's past* [*El expolio del pasado de África*], de Peter Schmidt y Roderick McIntosh (1996), está basado en las Conferencias Carter dadas en el Centro de Estudios Africanos de la Universidad de Florida en 1993. El artículo de Thurston Shaw (1997), "The contemporary plundering of Africa's past" ["El saqueo contemporáneo del pasado de África"], fue originalmente presentado como una conferencia en la Royal African Society. Shaw escribió (1997: 1):

> En los últimos 20 años, al vaivén de los cambios de las modas en el mundo del arte, los ricos coleccionistas europeos y americanos han pasado, cada vez más, al campo africano y están listos para pagar sumas fantásticas por las cosas que ambicionan.

Las dos obras cuentan un relato de excavaciones ilegales, saqueo de monumentos nacionales, robo de antigüedades de las colecciones de museos en África (a menudo con la complicidad del personal interno) y negocios turbios de los coleccionistas Occidentales y de los galeristas, revistas de antigüedades e instalaciones científicas que les han ayudado. Lo que alarma a los autores de esos textos es que un comercio que uno asocia con los ladrones de tumbas del siglo XIX y las depredaciones de coleccionistas coloniales no muestra signos de disminuir sino de aumentar. Michel Brent (1996: 76), un periodista que hizo una investigación de seis meses sobre ese comercio, notó la ironía de que:

> […] precisamente en el momento en que los pueblos africanos han comenzado a adquirir su independencia —durante las décadas de 1960 y 1970— y, por lo tanto, han comenzado a mantener su cabezas en alto, a tener esperanza en el futuro, este tráfico clandestino de objetos antiguos se desarrolló y tomó proporciones enormes.

Otra característica alarmante es la participación activa de muchos africanos en el despojo de su patrimonio. Schmidt y McIntosh (1996a: 10) señalaron que uno de los principales:

> […] obstáculos para el desarrollo de un sentido local de orgullo e identificación inmediata con los objetos del pasado es la ausencia de una imaginación histórica que una a las poblaciones vivas, muchas veces diversas, con quienes vinieron antes que ellas.

Esto se corresponde con un problema recíproco de representación en tribu nómada del norte: "Nunca se ha creido que las culturas africanas animen y den información sobre esos objetos; solo se las ha visto como el lugar donde son cosechados esos objetos" (Schmidt y McIntosh 1996a: 10, 8). Para ellos este es un ejemplo puntual de un asunto más amplio: ¿quién define el patrimonio cultural?:

> ¿Cuáles son las relaciones de poder que entran en juego en la definición de lo que es culturalmente importante y de lo que no lo es? ¿Qué induciría a quienes sienten que no tienen poder a hacer el esfuerzo para preservar los artefactos o los sitios? (Schmidt y McIntosh 1996a: 10)

La arqueología como espectáculo

Una característica importante de la recontextualización de la práctica arqueológica en África en el periodo que coincide con el desarrollo del postprocesualismo en Occidente ha sido la aparición de nuevas formas de consumo y exhibición que vinculan, explícitamente, los temas y narrativas arqueológicas con las formas dominantes de representación en los parques temáticos, los complejos de ocio y los centros comerciales. Martin Hall (1995) describió la llamada "ciudad perdida", un ambicioso complejo hotelero con un tema arqueológico construido en el *homeland* de Boputhatswana de la época del apartheid. El complejo, diseñado por una firma californiana de diseñadores de hoteles como una ruina arqueológica parcialmente reconstruida, representa una interesante fusión de la pátina de la antigüedad con una especie de ostentación postmoderna.

La escala del complejo es asombrosa. Cuenta con 338 habitaciones para huéspedes, restaurantes, cines, un casino y un "gigantesco parque acuático para 5000 turistas". Los efectos especiales que forman parte integral de la arquitectura fueron "importados de Hollywood" e incluyen una erupción volcánica nocturna durante la cual el "puente del tiempo", hecho con piedra tallada, retumba y se mece, los ojos de un leopardo de piedra sentado encima del puente brillan y sale vapor de las rocas cercanas. Las características arquitectónicas incluyen la "torre del rey" y las "puertas Kong" de la ciudad, coronadas por un gorila de piedra.

La atención de Hall se centra en la narrativa que enmarca el complejo hotelero y la contextualiza en una imaginería popular de África, la "leyenda de la ciudad perdida", un relato espurio de una antigua civilización fundada por una tribu nómada del norte que es destruida por un terremoto y reconstruida unos "trescientos siglos" después en su forma actual. Lejos de ser una historia romántica inocente o "una fantasía de California" la leyenda de la ciudad perdida "es una narrativa maestra que estructura una política cultural de África". Hall (1995: 181) señaló: "El renacimiento de la leyenda en la ostentación y el sucedáneo del moderno palacio del placer lleva la vieja ideología del colonialismo al siglo XXI".

Arqueología y desarrollo

¿Dónde miramos para construir un mapa del futuro? Hay varias cuestiones y debates a los que podríamos mirar para trazar las tendencias futuras en la política de la arqueología en África. La práctica y el discurso de la gestión de recursos patrimoniales se han establecido en el continente en las últimas dos décadas y existe un animado debate en torno a la percepción del patrimonio cultural, la gestión de colecciones y recursos arqueológicos, y el desarrollo de modelos de gestión indígenas (Abungu y Abungu 1998; Kibunjia 1997; Macamo 1996; Ndoro y Pwiti 2001; Pwiti 1997; Pwiti y Ndoro 1999; van Schalkwyk 1996). El papel desempeñado por la arqueología en la educación ha sido reconocido desde hace tiempo pero todavía se debate al respecto (Esterhuysen y Smith 1998; Gawe y Meli 1990; Hinz 1990; Mazel y Stewart 1987; Nzewunwa 1990; Pwiti 1994; Sinclair 1990; Smith 1983; Wandibba 1990). En el sur de África, como en otras partes, se ha producido un giro hacia la revaluación de las prácticas de recolección que involucran partes del cuerpo humano y material esquelético (Legassick y Rassool 1999; Morris 1996).

El interés por el pasado de África ha sido, durante mucho tiempo, una característica de la política de la diáspora africana (Gates 1999). Trabajos recientes han examinado la arqueología de la diáspora africana (Agorsah 1996) y el lugar especial del antiguo Egipto en el movimiento afrocéntrico (Roth 1998). La arqueología africana ha tendido a ser una destinataria, más que una iniciadora, de la teoría arqueológica pero esto ha sido cuestionado por un número pequeño, pero significativo, de obras (Andah 1995; Andah y Bagodo 1993; Hall 2000; Kinahan 1995; Schmidt 1996).

Sin embargo, si hay una sola hebra que nos lleve hacia el futuro esa es la noción de desarrollo. Adebisi Sowunmi (1998) escribió sobre la necesidad de una "dimensión humana" en la arqueología africana. La noción de "relevancia" se convierte en una consigna. Si la primera etapa de una arqueología postcolonial africana supuso la celebración de los logros indígenas y el refuerzo del orgullo nacional entonces tenemos que pasar a una segunda etapa en la que demostremos la relevancia de la disciplina en cuestiones de desarrollo. Esto implicará "una ampliación radical... [del] paradigma y del marco operativo" de los arqueólogos que trabajan en África (Sowunmi 1998: 166). Un compromiso con la ecología social y la investigación-acción y una nueva concepción del papel de la etnoarqueología son vistos como rutas para hacer de la arqueología "un vehículo para mejorar nuestra calidad de vida y promover el desarrollo y la autosuficiencia" (Sowunmi 1998: 165).

Fekri Hassan (1999: 393) hizo un argumento similar al señalar que la arqueología africana necesita tomar su lugar en un mundo globalizado como "un medio para el desarrollo económico y la educación transnacional". También señaló:

> La motivación para estudiar arqueología de muchos arqueólogos que trabajan en África y en otras partes se basa en un nivel mucho más profundo que el de las agendas políticas actuales... Los objetos del pasado legitiman e informan el presente: proporcionan un mapa cultural visible y duradero de los asuntos humanos transitorios.

El colonialismo y las decepciones de la era postcolonial fueron dolorosos de experimentar:

> [...] pero hay que mirar más allá de la agonía y la rabia hacia nuevas perspectivas de acciones que no pueden esperar. No debemos construir sobre las ruinas, entablando un diálogo inútil con fantasmas. En vez de ello debemos examinar nuestra experiencia histórica para trazar un nuevo futuro basado en una visión a largo plazo del pasado y situado en las experiencias humanas en diferentes contextos (Hassan 1999: 398).

Conclusión: centro y periferia

La cuestión clave para los practicantes de la arqueología en África sigue siendo la manera como negocian un lugar en el campo globalizado de la investigación arqueológica. Esto no es un imperativo nuevo sino la continuación de una relación histórica establecida. Desde sus primeros días la arqueología africana funcionó como parte de una red transnacional de producción e intercambio de conocimiento y desde el inicio los términos de ese intercambio han sido desiguales. Esto sigue siendo cierto, en general, ya sea en relación con el comercio ilícito de antigüedades, la dinámica de las publicaciones y el mercado para los graduados en arqueología o con el establecimiento de agendas de investigación y la forma como África ha figurado en una política de representación más amplia. El desafío político para los arqueólogos en África radica en hacer el tipo de preguntas y desarrollar las formas de práctica y los tipos de entendimiento de nuestro lugar y propósito que comiencen por inclinar esa relación en otra dirección.

Rumbo al sur, deseando el norte: ¿por qué necesitamos, con urgencia, una arqueología postcolonial?

Una entrada del diario

¿Cómo dibujamos un mapa del futuro? Permítanme comenzar invocando el pasado.[9] Aquí hay una entrada del diario. La fecha: un sábado soleado en noviembre de 1995. El lugar: Ciudad del Cabo, Sudáfrica.

Hoy hay una excursión con un grupo de treinta alumnos-profesores de Cape Town Teachers Training College (Escuela de Formación de Profesores de Ciudad del Cabo). Muchos de los estudiantes son mayores y han vuelto a la universidad ya adultos. Algunos fueron detenidos a mediados de la década de 1980. Dos hombres y una mujer fueron cuadros del CNA. El grupo tiene un tremendo sentido de la determinación, una especie de seriedad moral. Están en la universidad, dice un estudiante, como una forma de devolver algo al país mediante el desarrollo de la juventud. Su profesora, June Bam, es maravillosa, una activista que ha llevado la lucha a la esfera

---

9   Agradezco a los miembros del Taller de Arqueología. También a Janine Dunlop por su trabajo bibliográfico ejemplar. *Rumbo al sur, deseando el norte* es, por supuesto, el título de la notable autobiografía de Ariel Dorfman (1998) que plantó la semilla de este ensayo. Los términos norte y sur, usados de esta manera, implican una posición y una política. Dado que el espacio no permite su cualificación posterior permítanme decir, simplemente, que me parecen útiles como términos descriptivos generales pero soy consciente de sus dificultades.

de la educación… Tenemos suerte con el clima, un día suave de verano. Intentamos una nueva ruta a la cueva Peers, por la cresta en lugar de subir por la duna. Estoy sorprendido por el nivel de conocimiento y el interés de los estudiantes. Hacen preguntas detalladas y quieren saber por qué nada de esto está en los textos de historia. Les regreso la pregunta y les pido que trabajen en sus grupos en el desarrollo de enfoques para la enseñanza de la arqueología en el aula de clase. La discusión se vuelve muy animada. Hay un gran debate sobre cuestiones de valor social: ¿necesitamos arqueología en este país?; ¿qué hizo el apartheid a nuestra conciencia del pasado?; ¿cuál es su papel como profesores? Esta discusión continúa hasta que volvemos a los buses. Un grupo en la parte posterior canta canciones de libertad. Seguimos nuestro camino a través de los matorrales de Port Jackson, citando a Fanon y a Biko por encima del sonido de los cantos… June ha organizado un picnic en la playa. Olvidamos visitar el último sitio del día mientras comemos, hablamos y dormitamos bajo el sol.

Para el propósito de este artículo esta entrada debería ser anotada así: en las revueltas de los *townships*[10] de mediados de la década de 1980 miles de jóvenes activistas fueron detenidos por el Estado del apartheid. El CNA es, por supuesto, el Congreso Nacional Africano, el movimiento de liberación, antes prohibido, que fue elegido triunfalmente al poder en abril de 1994 con Nelson Mandela a su cabeza. La cueva Peers es un sitio espectacular a unos veinte kilómetros al sur de Ciudad del Cabo. Según Frantz Fanon, el inspirador filósofo y activista anticolonial: "Mientras los políticos sitúan su acción en los eventos reales de hoy en día los hombres de la cultura toman su posición en el campo de la historia" (Fanon 1967: 168). Steve Biko, el articulador principal de la Conciencia Negra, martirizado a finales de la década de 1970, escribió más sucintamente: "Un pueblo sin historia positiva es como un vehículo sin motor" (Biko 1978: 29).

---

10 *Nota de los traductores*: los *townships* fueron barrios-ciudades creados especialmente para confinar a los residentes no blancos desplazados por la fuerza de sus lugares tradicionales de residencia en las ciudades sudafricanas segregadas por las políticas del apartheid.

La excursión a la cueva Peers tuvo lugar como una de las actividades del Archaeology Workshop (Taller de Arqueología), una organización que fundé a principios de 1990 como estudiante de postgrado en el Departamento de Arqueología de la Universidad de Ciudad del Cabo en respuesta a una necesidad percibida en el sistema escolar público. A través de una política de censura formal e informal el Estado del apartheid se las había ingeniado para excluir, en gran medida, la historia africana precolonial y la arqueología de los planes de estudio y de los libros de texto (Dean *et al.* 1983; Gawe y Meli 1990; Mazel y Stewart 1987; Smith 1983). Creamos un programa de visitas a escuelas, de excursiones de campo y de talleres de formación de maestros con el objetivo de introducir a los profesores y a los alumnos al rico archivo de la arqueología africana. Las actividades del taller fueron apoyadas por una pequeña subvención de la administración de la universidad que equivalía a menos de cien dólares anuales. Durante 1993, nuestro año de mayor actividad, más de 800 profesores y alumnos pasaron por nuestro programa.

Figura 2. En la playa, noviembre de 1995. Nick Shepherd está sentado, segundo desde la izquierda. June Bam está sentada en el centro.

Una fotografía (*Figura 2*) acompaña esta entrada del diario, tomada por uno de los alumnos-profesores y que venía con su carta de agradecimiento. Nos muestra en la playa, haciendo payasadas para la cámara: un recuerdo al cual aferrarse. La foto está delante de mí ahora, mientras escribo. Regreso a esta fotografía a través del paso de los años y experimento una punzada de nostalgia, una conciencia de pérdida, pequeña pero aguda, que proviene de la naturaleza disminuida del momento presente. Y es aquí, en la cualificación de la naturaleza exacta de esta emoción, que quiero empezar —que quiero hacer mi primera marca en el mapa—. ¿Por qué esta preocupación del corazón?

Nos reunimos en la playa ese día, el alumno-profesor y el alumno-arqueólogo, plenamente conscientes de estar involucrados en un acto de reparación. Estábamos desenterrando las "historias ocultas", para usar el término de Martin Hall (1990), que habían sido suprimidas por la ideología del apartheid y que formarían los relatos fundacionales de la nueva nación. Nos parecía natural que la rica historia de logros indígenas en el subcontinente, desde el Gran Zimbabwe hasta la narrativa de la evolución humana, debía entrar en la cultura popular en la Sudáfrica del postapartheid y proporcionar puntos de identificación a formas nuevas e incluyentes de identidad colectiva. La arqueología, con su capacidad única para recordar la importancia del pasado, tendría un lugar central en esta empresa. El hecho de que esto no haya sucedido, o que haya sucedido de maneras sorprendentes, habla de dos cosas. En primer lugar, habla de la manera como el desarrollo postapartheid ha sido superado por los acontecimientos. Esperando por nosotros estaban la pandemia del VIH/SIDA, la crisis monetaria y los desplazamientos de los sitios de producción de patrimonio a los centros comerciales y a los casinos; en suma, todos los síntomas del camino tomado por la actual ronda de la globalización neoliberal. En segundo lugar, habla de una falla central y significativa en la arqueología. Es una falla de formas de práctica y de ideas rectoras; en otras palabras, un fracaso de la teoría. Argumentaré que este fracaso implica a la disciplina en su conjunto. En este caso Sudáfrica actúa, como señaló Derrida (1986), como "una concentración de la historia del mundo". El extremismo de su historia reciente nos tienta, dijo,

[...] a ver [a Sudáfrica] como un cuadro o una pintura gigante, la pantalla para algún computador geopolítico. Europa, en el proceso enigmático de su globalización y su paradójica desaparición, parece proyectar sobre esta pantalla, punto por punto, la silueta de su guerra interna, el balance de sus ganancias y pérdidas, la lógica de doble vínculo de sus intereses nacionales y multinacionales (Derrida 1986: 336-337).

Los arqueólogos tienen que repensar los términos de su práctica. En este replanteamiento son centrales el valor social y el papel desempeñado por la arqueología en los proyectos de restitución, justicia social, memoria e identidad. Lo que sigue comienza como una relación con la teoría, pasa a dar cuenta de la historia y termina estableciendo un programa. Debido a que el espacio es limitado hay proposiciones audaces y saltos de fe que, tal vez, se justifican por la naturaleza del ejercicio. Por último, es un relato en el que me entrometo en primera persona. Traté de escribirlo de manera diferente pero, en última instancia, este ha sido un viaje personal.

Norte y sur

La geografía tiene el estatus de un principio de organización. Durante la mayor parte de mi vida profesional he estado involucrado en un intercambio unilateral con las distantes metrópolis disciplinarias de Europa y Norteamérica. Esto ha sido cierto en materia de financiación y de publicaciones y, también, en términos de teoría. Mi relación con la teoría arqueológica ha tendido a reflejar el camino de mi derrotero. Mi formación de pregrado ocurrió en una versión de la Nueva Arqueología pero incluso en ese momento sus pretensiones parecían esencialmente improbables. En 1987 nuestro departamento recibió la visita de James Deetz, el arqueólogo histórico, y en 1988 de Mark Leone. Ambos llegaron como desafío al boicot académico liderado por la UNESCO. Deetz causó la mayor impresión. Excéntrico, brillante, su libro *In small things forgotten* [*En pequeñas cosas olvidadas*], de 1977, prefiguró el giro estructuralista en la arqueología postprocesual, aunque no es una obra muy conocida fuera de Estados Unidos. Deetz tenía un buen comentario sobre Binford: "Lew nunca deja que los hechos se interpongan en el camino de una buena hipótesis". En 1989 un grupo de nosotros reemplazó un módulo de una clase con un curso de nuestra invención, denominado 'Una búsqueda de herramientas". Nos arrastramos por las ciencias sociales en busca de teoría útil. De esta manera, bajo la más improbable de las circunstancias, descubrimos la arqueología postprocesual.

El efecto fue electrizante. La arqueología procesual había arado su solitario surco positivista durante un periodo de fermento radical en las ciencias sociales. Ahora, por primera vez, los arqueólogos fueron admitidos en este banquete de los sentidos. Terry Eagleton (1983) ha señalado que la fascinación por los procesos de creación de sentido, utilizando el lenguaje como modelo, consumió la vida intelectual del siglo XX. La proposición simple pero profunda de la arqueología postprocesual, que la cultura material puede ser considerada como un tipo de lenguaje, logró hacer que se admitiera en la arqueología a este campo del pensamiento. Mis recuerdos de la época se mezclan con los recuerdos de la transición política: copias manoseadas de Hodder, Shanks y Tilley que pasan de mano en mano.

Mi desencanto con la arqueología postprocesual tardó en venir, pero descansa en dos puntos. El primero es la idea, que se ha vuelto ineludible, de que la arqueología postprocesual está anclada en un contexto muy diferente del mío. Me siento a leer una discusión ingeniosa sobre el uso de las corbatas en una fábrica de alimentos para mascotas (Hodder 1987) o un análisis de los estilos cambiantes de las latas de cerveza (Shanks y Tilley 1987) o una discusión sobre la manera como los habitantes de las viviendas municipales hacen de *bricoleurs* con los materiales que tienen a mano (Miller 1991) y, aunque disfruto de cada disertación, soy consciente de una distancia implacable. La arqueología postprocesual ha sido, fundamentalmente, una práctica arqueológica situada en la sociedad capitalista tardía vislumbrada, por así decirlo, desde el centro de esa sociedad.

Si esta acusación es de frivolidad —una acusación menor, se podría pensar— la segunda es más grave. La arqueología postprocesual es, ante todo, una intervención a nivel de la teoría sin conexión con una teoría de la práctica o una concepción del surgimiento de la arqueología como disciplina. Su narrativa maestra, ensayada en muchos trabajos, se refiere al desarrollo de la teoría social en Occidente, el hilo de oro que va de Saussure hasta el presente. Lo que no proporciona (lo que no puede ofrecer) es un relato de la formación de la disciplina como una práctica social y significante situada en un contexto social y político más amplio. Esto es, más que cualquier otra cosa, lo que (para mí) da a la arqueología postprocesual el sentido de haber agotado una buena idea.

Quiero sugerir una tarea diferente para la teoría arqueológica que se deriva de la idea de que la disciplina, en su estado actual, carga con las huellas de su formación como un campo de construcción de conocimiento y como práctica material arraigada en contextos históricos y políticos específicos. Entender qué somos significa entender la forma como hemos llegado a ser.

Arqueología y colonialismo

Varias obras recientes sobre arqueología europea se han centrado en la relación entre arqueología y nacionalismo (Atkinson *et al.*, eds., 1996; Díaz-Andreu y Champion, eds., 1996; Kohl y Fawcett, eds., 1995). Desde la perspectiva de la arqueología en África —y en el sur, en términos más generales— ha sido formativa una relación diferente: la relación entre la arqueología y el colonialismo. La arqueología, como disciplina y como idea, fue introducida en África como parte de la expansión colonial. Pierre de Maret (1990) reportó "una devoción por el pasado" entre los pueblos subsaharianos que se extiende, con frecuencia, a sus reliquias materiales; en cambio, las metodologías, paradigmas, procedimientos y protocolos de reportaje y de visualización que constituyen la disciplina de la arqueología —a diferencia de las arqueologías informales o populares— tienen su origen en un conjunto particular de contextos históricos e intelectuales en las sociedades del noroeste de Europa en los siglos XVIII y XIX. En los Estados coloniales en África la relación entre la arqueología y el colonialismo difícilmente podría haber sido más directa. Muchos de los primeros practicantes arqueológicos eran empleados del Estado colonial (De Barros 1990; Holl 1990; Sheppard 1990). En ese contexto la arqueología apareció como una de las formas de investigación científica que mediaron el encuentro entre los agentes del colonialismo y el público en los países metropolitanos y las personas, culturas y territorios desconocidos con los que entraron en contacto. Esta arqueología colonialista, para usar el término de Trigger (1984), fue y sigue siendo la forma dominante de la práctica arqueológica en África.

Ahora quiero hacer la primera de dos propuestas: que los términos del intercambio entre las metrópolis arqueológicas y sus arqueologías satélites en la periferia han sido históricamente desiguales, que siguen siendo desiguales y que esta desigualdad pone en peligro el desarrollo de una arqueología mundial con base en igualdad o reciprocidad. En ninguna parte es esto más evidente que en el subdesarrollo de las arqueologías indígenas en África. Durante la última década la revista *African Archaeological Review* ha prestado un valioso servicio al abrir sus páginas a los relatos de los arqueólogos africanos sobre los retos que enfrentan en su práctica cotidiana. Aquí está Munene (1996: 88), informando sobre la situación en Kenia: "Prácticamente todos los arqueólogos que trabajan en este país tienen un trabajo de tiempo completo y uno o más puestos de trabajo de tiempo parcial". Escuchen a Francis Musonda (1990: 12) sobre la situación en el sur de África: "La turbulencia política, junto con la economía mundial deprimida, ha jugado un papel importante en la disminución de la actividad arqueológica. El síndrome de la "fuga de cerebros" no ha disminuido". Por último, aquí está Martin Hall (1997: 6):

> […] justo cuando deberían expandir sus horizontes, los museos enfrentan recortes presupuestales sin precedentes… Menos estudiantes que nunca están

eligiendo cursos de arqueología en las universidades sudafricanas y menos aún eligen especializarse en el tema... Menos arqueólogos que nunca están aplicando para las becas de investigación de las agencias gubernamentales.

Mi segunda propuesta es la siguiente: que los efectos de esta desigualdad corren en ambas direcciones. Si uno de los efectos ha sido "amenazar" la base de la arqueología en el sur un efecto igual y opuesto ha sido "deshumanizar" la arqueología en el norte. Siempre ha habido una lógica colonial en el corazón de las tradiciones metropolitanas de la arqueología, de las cuales las chaquetas de color caqui y los Land Rovers y la predilección por lugares exóticos son las manifestaciones externas; pero este espíritu colonial también tiene una manifestación más oscura. ¿Cuáles son sus síntomas? La creciente marginalización de los arqueólogos indígenas de cualquier tipo de papel significativo en la determinación de las agendas y prioridades de investigación; las reuniones de arqueólogos "africanistas" en las que no hay arqueólogos africanos (Andah *et al.* 1994); las expediciones de investigación pródigamente financiadas que aterrizan en los países pobres y luego desaparecen con sus trofeos; la disminución de formación en el extranjero y de financiación para las investigaciones hechas por arqueólogos indígenas (Musonda 1990); el comercio de computadores portátiles y pasajes de avión —las nuevas cuentas y abalorios— para suavizar el paso a los sitios elegidos (Vines 1991); y el fuerte aumento del comercio ilícito de antigüedades originarias de África con la complicidad de los negociantes en el extranjero y los laboratorios de investigación (Schmidt y McIntosch 1996; Shaw 1997). Por todas estas razones necesitamos una arqueología postcolonial con urgencia.

Programa para una arqueología postcolonial

Las etiquetas pueden ser grilletes. La noción postcolonial ha sido muy controvertida y su significado no es claro (Slemon 1995). Sin embargo, propongo mantenerla, aunque solo sea porque implica una especie de rebeldía, el acto de "responder con la escritura" tan querido por los teóricos postcoloniales. Cada nuevo movimiento comienza como un acto de desafío.

Si uno de los problemas de la arqueología postprocesual ha sido su falta de dirección entonces permítanme ser directo. El programa de la arqueología postcolonial se apoya en tres lugares (se pueden añadir más en el futuro). El precepto inicial y fundacional es un nuevo relacionamiento con la sociedad. La cientificidad de la Nueva Arqueología fue una especie de retiro de la sociedad pero también lo ha sido la excesiva atención a la teoría de la arqueología postprocesual. En ambas formas los sumos sacerdotes y sacerdotisas han tomado el mando. La arqueología tiene que ir, de nuevo, a la gente, no en un sentido simplista, populista, sino a través del relacionamiento inteligente con cuestiones y debates de relevancia. En el contexto de mi práctica estos incluirían debates en torno a la reparación y restitución, proyectos de memoria, proyectos de desarrollo, experimentación con formatos nuevos y accesibles, proyectos de arqueología y educación. Estoy interesado, sobre todo, en temas de identidad, integridad y autoestima en el contexto de los daños causados por el pasado reciente. Nada de esto constituye una distracción del trabajo esencial de la arqueología sino acciones que revivifican, reenergizan y hacen relevante una disciplina que se ha vuelto marchita y rancia.

En segundo lugar, una arqueología postcolonial tiene que impugnar la direccionalidad de los intercambios en la disciplina a nivel de dinero, bienes o ideas. La lógica norte/sur, desigual y prevalente, necesita ser reemplazada por nuevas formas de intercambio, otras formas de comunidad: organizaciones regionales, intercambios sur-sur, organizaciones verdaderamente multilaterales y multinacionales. Tenemos que tratar de igual a igual a nuestros pares en el norte: establecer nuestras agendas de investigación de acuerdo con los intereses locales; escribir nuestra teoría o, mejor aún, escribir teoría universal. Tenemos que impugnar una narrativa dominante de la globalización y verla como algo que no es nuevo ni benigno. La autenticidad no tiene que dar paso, necesariamente, a lo hiper-real. Como practicantes profesionales no estamos condenados a brindar entretenimiento a los turistas con dólares.

En tercer lugar, una arqueología postcolonial tiene que reexaminar las relaciones de producción dentro de la disciplina. ¿Cómo se ha producido el conocimiento? ¿Quién hace el trabajo? ¿Quién fija la agenda? ¿Quiénes son los beneficiarios? ¿Quiénes son las víctimas? La arqueología es una práctica material que ha supuesto la destrucción de lugares sagrados y la violación de los derechos culturales de privacidad y secreto. Los objetos de escrutinio arqueológico se negocian, habitualmente, a lo largo de las redes clandestinas de intercambio comercial. Los depósitos arqueológicos de todo el mundo continúan manteniendo los restos físicos de personas indígenas. ¿Por qué esas relaciones materiales permanecen como notas de pie de página de la disciplina en lugar de estar en el centro de sus preocupaciones?

Por último, ¿una arqueología postcolonial está en el futuro, como un espejismo? No, sus huellas están por todas partes. Fekri Hassan (1999. 393) escribió sobre la necesidad de que la arqueología se reinvente como "un medio para el desarrollo económico y la educación transnacional". Adebisi Sowunmi (1998) señaló la necesidad de una "dimensión humana" en la arqueología. Bassey Andah (1995a, 1995b), Martin Hall (2000) y Peter Schmidt (1996) han hecho intervenciones importantes en la teoría arqueológica desde una perspectiva africana. Ya a mediados de la década de 1980 Glynn Isaac (1985) escribía sobre la necesidad de ampliar la participación internacional en la investigación paleoantropológica. El Congreso Arqueológico Mundial (WAC, por sus siglas en inglés) está avanzando en la dirección de una organización multilateral interesante. Por todas partes una generación más joven de arqueólogos está inquieta en busca de dirección.

¿Hay un futuro para estudiar el pasado? Sí, pero es un futuro que debe hacerse, no un futuro que se imponga. Déjenme volver a la entrada de mi diario sobre la jornada en la cueva Peers y la foto en la playa y al motivo de mi corazón atribulado. Hay una última cosa que debo resaltar y es el espíritu de esperanza que reside allí. ¿Usted lo ve, brillando en nuestros rostros reunidos? Este es el último y mejor argumento de por qué el futuro de la disciplina se encuentra en la dirección de una arqueología postcolonial: esa es la dirección de la esperanza.

"Cuando la mano que sostiene el paletín es negra...": prácticas disciplinarias de autorepresentación y el asunto de la mano de obra nativa en arqueología

Historia secreta

La historia secreta de la arqueología en África es la historia del trabajo *nativo*. Es la historia de esos hombres (porque, casi siempre, fueron hombres) que excavaron, cernieron, separaron, localizaron sitios y "hallazgos", consiguieron y cargaron, establecieron los campamentos, cocinaron y sirvieron la comida, negociaron con los jefes locales y con quienes proveyeron los suministros y ayudaron en la interpretación de artefactos y eventos pero permanecieron indocumentados y olvidados en los recuentos oficiales del desarrollo de la disciplina. En muchos casos fueron y son practicantes calificados: no Arqueólogos o, incluso, "arqueólogos" (porque esa es la política del nombrar en las ciencias) sino algo más, trabajadores de campo o asistentes o, usualmente, simplemente "muchachos". En casi todos los casos estuvieron y están más directamente relacionados con los restos que desenterraron, con las manos que hicieron las vasijas o con los huesos en la tumba —ya sea en términos de cultura, tradición, historia, descendencia lineal o algo así— que los arqueólogos en cuyo nombre trabajaron. Sin embargo, en los contextos ironizados de la construcción del conocimiento arqueológico en las colonias y excolonias (y el tenor esencial de esta tarea es la ironía) nunca o rara vez son mencionados o se lo hace con desdén.

Estos hombres —llamémoslos "cotrabajadores"— están textualmente ausentes pero están presentes de otra manera más intimidante. La difusión del trabajo de campo arqueológico en África coincidió con la popularización de las tecnologías de la cámara y de las técnicas fotográficas; el registro fotográfico se volvió una parte importante de los procedimientos de excavación. En Sudáfrica la arqueología y la fotografía coincidieron de manera exacta. Paul Landau (2001: 151) señaló que "desde la década de 1870 en Sudáfrica las familias blancas ricas fueron a los estudios fotográficos a que les tomaran sus retratos" y poco después las cámaras fueron llevadas al campo para establecer varios géneros (fotografías de caza, fotografías etnográficas, estudios de la naturaleza y paisajes). En esa misma década (1870) se publicaron varios registros de investigaciones prehistóricas en periódicos locales como *Cape Monthly Magazine* y *Transactions of the South African Philosophical Society*. El empiricismo óptico de finales del siglo XIX y el estatus de la cámara como parte del "aparato de verdad", desarrollados por la ciencia y por el trabajo policíaco en los Estados modernizadores de Europa occidental (Sekula 1989), hicieron que las técnicas fotográficas jugaran un papel importante en un buen número de disciplinas nacientes, entre ellas la arqueología y la etnología. En África, como en otras partes, las cámaras fueron llevadas a los sitios arqueológicos para documentar sedimentos, registrar hallazgos, capturar puestas en escena y documentar acontecimientos de la vida en el campo (Shanks 1997). Es aquí, capturado en un lado del marco, recostado contra una pala o inclinado sobre una zaranda —o, más ocasionalmente, mirando desafiantemente a la cámara—, donde encontramos el asunto del trabajo nativo.

"Cuando las fotografías salen de los depósitos es como si se liberara energía", escribieron Hayes *et al.* (2001) en la introducción a su libro sobre la fotografía en Namibia. Mi interés en el tema comenzó con una fotografía (*Figura 3*). Dos hombres ocupan el marco y una zaranda está en medio de ellos; a la izquierda está John Goodwin (1900-1959), el arqueólogo sudafricano entrenado en Cambridge, quien retornó en 1923 para asumir un cargo en la Universidad de Ciudad del Cabo como asistente de investigación en etnología

"Cuando la mano que sostiene el palustre es negra"

Figura 3. John Goodwin y Adam Windwaai.

de Radcliffe-Brown. Contemporáneo de Louis Leakey, Goodwin fue uno de los primeros arqueólogos profesionales que trabajaron en el África subsahariana. Fue responsable, en gran medida, del establecimiento y disciplinamiento de la arqueología en Sudáfrica en las décadas de 1920 y 1930 y estableció una nomenclatura y una tipología básicas para los estudios de la Edad de Piedra que todavía están en uso (Goodwin y van Riet-Lowe 1929). El legado de Goodwin es significativo pero sigue siendo ignorado, incluso dentro de la disciplina, aunque este hecho está siendo remediado por un proyecto de investigación en curso. Su considerable archivo personal ocupa poco más de cien cajas en la división de manuscritos y archivos de la biblioteca de la universidad; contiene, además de manuscritos y mecanoscritos, notas de clase, correspondencia y diarios de campo, varios cientos de placas fotográficas, fotografías y negativos.

A la derecha de la foto hay un cotrabajador sin mencionar. Roland Barthes (2000) escribió sobre el *punctum*, el punto en cualquier imagen que distrae nuestro interés, que captura nuestra atención e imaginación. El *punctum* de esta imagen está dado por la expresión facial de este hombre. Nos mira con una franqueza desconcertante. Registramos un par de brazos musculosos, una presencia compuesta. La mirada de Goodwin es oblicua. Sostiene un cigarrillo entre los dedos de su mano izquierda. ¿Qué ha ocurrido entre ellos y quien tomó la fotografía? Una comunicación cuelga del aire.

Esta imagen, como todas las de la colección, no tiene anotación ni procedencia. Goodwin puede identificarse por otras fotografías. El sitio puede identificarse por las marcas en la pared como la cueva Oakhurst, un sitio grande y productivo en el sur del Cabo excavado por Goodwin en seis visitas entre febrero de 1932 y febrero de 1935 (Goodwin 1937). No hay referencia a la segunda figura, el cotrabajador sin mencionar. Sin embargo, notablemente, vuelve a aparecer en un segundo grupo de fotos del yacimiento Forest Hall, excavado en junio de 1940; en ellas aparece como uno de los miembros de un grupo de trabajadores nativos. ¿Quién era? Así comenzó una investigación dentro de una investigación.

Adam Windwaai

En junio de 1940 Goodwin y Berrie Malan, acompañados por Jean Malan y un grupo de asistentes sin identificar, excavaron el abrigo Forest Hall en el sur de la costa del Cabo. No llevaron un diario de campo ni publicaron los resultados de las excavaciones. En 1988, casi medio siglo después, M.L. Wilson publicó un breve reporte en *South African Archaeological Bulletin* basado en el material del sitio y alojado en las colecciones de arqueología y antropología física del South African Museum y en una entrevista realizada a Berrie y Jean Malan.

Forest Hall está en la hacienda del mismo nombre, unos dos kilómetros al este de Keurboomstrand y unos 800 metros al este del mejor conocido abrigo Matjies River, en la base de unos acantilados marinos muy empinados. Mira al oriente y está protegido por una selva costera densa "que hace húmedo y poco atractivo el medio ambiente actual" (Wilson 1988: 53). La excavación fue realizada en un periodo de tres semanas. El grupo acampó en la cabaña cercana de un pescador; "el agua para cocinar y beber fue traída a lomo de mulo desde la hacienda, día de por medio" (Wilson 1988: 53; nótese la construcción pasiva, indirecta).

El depósito estaba formado por un conchero superior, situado encima de suelos negros, finos, húmedos y estratificados. En total se removieron 5.9 metros de depósitos, una profundidad considerable para cualquier parámetro. Solo se conservó una colección representativa e inusual de piezas. Se excavaron los restos de dos (y, posiblemente, de tres) individuos pero no se registró a qué profundidad fueron hallados ni los artefactos asociados. Un rasgo de la colección de artefactos de piedra es la ausencia relativa de piezas diagnósticas (en el sentido de artefactos que puedan ser asignados a una "cultura" arqueológica), lo que llevó a Malan a describir la excavación como "aburrida" y como "una pérdida de tiempo".

Un epílogo sobre Forest Hall: la profundidad del conchero y la relativa uniformidad del depósito llevaron a los excavadores a asignarlo, sin mayor contemplación, a la "cultura de concheros" de los últimos 3000 años, una variación de lo que Sampson (1974) llamaría industrias Strandloper. Una muestra de conchas de *Donax serra* recogida de la base del conchero superior fue remitida para datación por Wilson y produjo una fecha del Holoceno Temprano, 9770±80 AP, fechando el depósito en una época considerablemente más antigua de lo imaginado previamente.

Una parte de la serie de fotografías de Forest Hall trata con tomas técnicas de la excavación. Vemos una trinchera profunda a lo largo de la parte trasera del abrigo, básicamente un medio para encontrar restos de esqueletos humanos. El conchero es claramente visible. Berrie Malan barre depósitos sueltos de restos humanos parcialmente excavados. Otra parte de la serie de Forest Hall está compuesta por imágenes de la vida en el campamento. En el encuadre de la escena los cotrabajadores negros realizan sus tareas en los márgenes del interés de la cámara. Otra imagen: cuatro figuras nos miran a través de una hoguera (*Figura 4*); una quinta fotografía levanta una tetera de las llamas. Una nota escrita con lápiz en la parte de atrás de la foto dice "Forest Hall; Goodwin, Jean y Berrie Malan". La nota no fue escrita por Goodwin sino por Ione Rudner, un entusiasta arqueólogo aficionado con una larga historia de relación con la disciplina y quien revisó la colección en 1979. Goodwin tiene sus brazos doblados sobre las rodillas. A su derecha, sentado cerca de él pero atrapado por la sombra producida por un Goodwin bañado de luz, está el asistente sin mencionar de la excavación de la cueva Oakhurst. Él aparece en otras dos imágenes.

Figura 4. Escena de la excavación en Forest Hall.

En la primera, tomada poco antes o después de la anterior, puede ser visto en el fondo, trabajando en la excavación (*Figura 5*). En la otra (*Figura 6*) aparece a la izquierda del cuadro con otro cotrabajador (llevando a tres el número de trabajadores "nativos" empleados en el sitio). Su pose, como en las otras fotografías, es notable. Mi atención queda capturada por sus pies descalzos.

"Cuando la mano que sostiene el palustre es negra"

Figura 5. Escena de la excavación en Forest Hall.

Figura 6. Escena de la excavación en Forest Hall.

Como viñetas de la vida en el campamento de Forest Hall las fotos son fascinantes pero su falta de anotaciones, distintas de las hechas muchos años después, las hace aparecer fantasmales, recuerdos descarriados. En ellas las contradicciones emergen de manera aguda. Mientras los excavadores blancos viven su vida, según sus propias palabras (en el reporte de Wilson), en la memoria de los otros (Ione Rudner) y en los relatos oficiales de la naciente disciplina (Goodwin 1935, 1958; Malan 1956, 1970; Deacon 1990) sus cotrabajadores se han perdido en el tiempo. Realicé una búsqueda sistemática de materiales de la época cuando Goodwin hizo trabajo de campo en el sur del Cabo. Trabajé con reportes de yacimientos publicados, diarios de campo y correspondencia personal y profesional y me resultó imposible identificar, con certeza, alguno de los cotrabajadores negros que aparecen en esas fotos. De hecho, lo que resulta notable es la casi total falta de referencia a los excavadores, asistentes y visitantes negros del campamento. Cuando la mano que sostiene el paletín es negra es como si los agujeros se hicieran solos y los artefactos fueran removidos, catalogados y transportados sin agencia humana. Una anotación de los registros de Goodwin señala lo siguiente: "Portador de agua, 1/0. A los muchachos por dos días, 2/6". Estas entradas aparecen entre "Parafina, 3/6", "Sardinas, 9d" y "Comida en el hotel el 22 de enero, 6/0". En el diario de campo de la excavación de Glentyre Shelter (cerca de George y de la cueva Oakhurst) encontré: "El trabajo se suspendió el 21 de julio. Jueves. (Adam Windwaai vino a ayudar el último día)".

El nombre de Adam Windwaai necesita explicación. Adam es fácil: el primer hombre. *Windwaai* es un nombre afrikaans que significa "el viento que sopla" o "soplando en el viento". Adam, el primer hombre, soplando en el viento.

Justus Akeredolu

A mediados de la década de 1950 Goodwin viajó a Nigeria, donde hizo varias excavaciones junto con Bernard Fagg, el prehistoriador británico pionero en África occidental (con Thurston Shaw y Oliver Davies). Esta vez, en una carta a su esposa, hace referencia directa a sus cotrabajadores. El cambio en el registro en un formato de carta (chismoso, confidencial) es significativo, tanto como son, sin duda, las posibilidades otorgadas por la distancia y la aparición de lo exótico. En una carta del 1 de junio de 1955 dirigida a "Mis queridos todos" escribió:

> El "equipo" está formado por el Sr. Jacob Eghánevba, con un fuerte acento en la á; el resto es sólo un ruido añadido. vb equivale a una b con los labios no tan cerrados, una suerte de w fuerte. En yoruba la letra n es una nasalización, como en francés pero más suave. Akeredolu (Justus) es de Owo, unas 100 millas al norte. Fue entrenado por tres años en Inglaterra, fue a Francia, Suiza e Italia y está en un empleo temporal que pronto espera hacer permanente. Tiene su propio *châlet* en el hotel y comemos juntos en el cuarto. ¡Afortunadamente no comparte mi *châlet*! Hasta ahora (aunque recibí a un viajero retrasado) he tenido mi pequeño lugar para mí. Él viene de vez en cuando y pega cerámica. Ha sido entrenado como asistente de museo pero tiene poco poder para pensar las cosas. Es un experto tallador de ébano, etc., esencialmente un artesano artístico. Delgado y alto, con una cara y cráneo estrechos y una sonrisa amable, de unos 42. Tiene un pequeño muchacho Bini (Benin) como su siervo personal, un tipo simpático que ama limpiar mi bicicleta, a quien doy una moneda a la semana. Él dice que preferiría un libro de geografía; tiene 13 o 14 años. Haruna Rashid está a nivel de sargento mayor y asistente, mientras Akeredolu tiene el grado de instructor. Es hablante de hausa y viene de Kano, en el norte, y estaba en Ife con nosotros, un tipo simpático de unos 30 años o menos. Muy dispuesto, un poco presuntuoso (le gusta entrar a mi baño y tomar agua en mi vaso de dientes), pero bastante cortés y colaborador. Dos de los trabajadores que tuve en Ife fueron

Gáruba y Adámu, ambos muy buenas personas; no eran buenos trabajadores pero estaban dispuestos. Un tercero fue Enobi (como N-O-B), nuevo para mí. Entonces, por un azar curioso, otro hombre (conocido como Conjo) ha abandonado la tribu Kongo del norte de Conjo. Su pueblo era caníbal hace unos 40 años y parece un esclavo nubio, con piernas cortas, acuerpado, con la cabeza como una bala y una sola masa de músculos. Trabaja mucho mejor que los demás, bastante feliz en hacer todo el trabajo de pica y pala. Supongo que huye de la justicia. Habla hausa pero se desenvuelve en francés. Los demás se ríen de él y dicen *un-deux-trois-beaucoup de travail*, palabras que le han copiado. ¡Él ríe con felicidad pero es evidente que el chiste se está gastando!

En una carta del 1 de enero de 1957 dirigida a "Mi adorada W.L.G" (Winnifred L. Goodwin) escribió:

El viernes los trabajadores hicieron huelga porque sintieron que yo debía encontrarles un lugar para dormir. Ellos han estado durmiendo en la casa del *seriki hausa* (jefe hausa) y él los está echando de allí. Busqué y encontré que una casa pequeña y divertida para el *grupo junior* (No T16) estaba vacía, justo al lado de nuestra excavación actual. Así que fui a ver a las personas que pueden ser responsables, una tras otra. Todos cooperaron conmigo y fueron de mucha ayuda pero ninguno parecía saber quién diría la última palabra. El gran problema es que mi gente gana de 2/8 a 3/- por día y son *extranjeros* mientras el mínimo local es 5/- por día. El resultado es que todo el mundo sube los precios de las cosas a la gente de fuera y mi gente no puede comprarlas con su paga. Mammy (una mujer del mercado) les trae desayuno de arroz y salsa por 3d, que aumento a 11 con un centavo de maní que consigo de otra Mammy. Cuando se les paga los sábados compran y comen pero no sé si consiguen algo más. Los cuartos cuestan desde 12/6 hasta £1-10-0 al mes pero solo les han ofrecido un cuarto para todos por £1-10-0. Cuando volvimos (de Ugbeku) dos de los hombres estaban enfermos así que los envíe al hospital con unas notas. Uno está enfermo de los bronquios debido al harmattan (viento seco y polvoriento de África occidental); el otro no está nada bien. Lo envié hace una semana para ser tratado de sífilis pero después de haber reaccionado bien al tratamiento ha, más o menos, colapsado pero llegó tarde a la larga cola del hospital y tendrá que esperar hasta el 2 de enero para el tratamiento —si sobrevive—. Mientras tanto lo he tratado con aspirina.

En otra parte del archivo de Goodwin, siguiendo la separación convencional de imagen y texto, hay un grupo de fotografías de su viaje a Nigeria, incluyendo varias que muestran a sus cotrabajadores. Vemos tres hombres acuclillados en un hueco (*Figura 7*); un acercamiento de un individuo excavando con una pica de mano (*Figura 8*); dos hombres inclinados sobre una zaranda (*Figura 9*); y —mi favorita— cinco hombres parados en una excavación, separados por muros de depósitos (*Figura 10*). Casí todos sonríen para la cámara aunque en otra fotografía, tomada inmediatamente antes o después (no reproducida aquí), están molestos.

Como en los casos anteriores ninguna de las imágenes está anotada aunque el paquete que contiene las fotos tiene una nota escrita por Goodwin que dice "Nigeria 55". Parece razonable inferir que varios de los individuos en estas fotos son los sujetos que menciona Goodwin en la primera carta que envió a su casa. Algunos de los hombres son reconocibles en varias fotos. El individuo situado atrás y a la derecha de la *Figura 10* es el mismo que aparece en el acercamiento de la *Figura 8* y puede ser Justus Akeredolu (aunque no puedo confirmarlo).

La mano del arqueólogo: ensayos 2002-2015

Figura 7. Nigeria 1955.

Figura 8. Nigeria 1955 (posiblemente Justus Akeredolu).

"Cuando la mano que sostiene el palustre es negra"

Figura 9. Nigeria 1955.

Figura 10. Nigeria 1955.

Entre el remolino de nombres y caras en las cartas de Goodwin está el detalle que habla, claramente, de relaciones coloniales de trabajo. Tenemos la preocupación de Goodwin por el vaso de dientes; la minucia detallada de los pagos y el costo de la comida y el alojamiento; los lugares comunes coloniales (¡canibalismo!) y la última, terrible, observación ("si sobrevive"), todo enmarcado en el fácil paternalismo de Goodwin, cuyo término correcto es racismo. Lo más dañino es la manera como describe a Justus Akeredolu ('poco poder para pensar las cosas', "esencialmente un artesano artístico").

Las cosas habrían pasado desapercibidas sino es porque Justus Akeredolu dejó una huella biográfica, no en la arqueología sino en el campo de la historia del arte. En 1986 Frank Willett publicó una relación de su vida en el periódico *African Arts* con el título "Tallas nigerianas sobre espinas: un monumento vivo a Justus Akeredolu". Willett es el autor de *African art. An introduction* [Arte africano. Una introducción] (1971). Entrenado como filólogo y antropólogo en Oxford, fue enviado al Departamento de Antigüedades de Nigeria a mediados de la década de 1950. Entre 1958 y 1963 fue empleado como arqueólogo del gobierno y curador del Museo Ife (Kense 1990); durante este periodo Akeredolu fue su asistente.

(Jefe) Justus Akeredolu (?-1983) nació en Owo, fue entrenado como escultor y con el tiempo se convirtió en curador del Museo Owo. En 1950 recibió una beca del gobierno para estudiar museología en el Instituto de Arqueología de la Universidad de Londres. Cuando regresó a Nigeria, en octubre de 1954, fue nombrado como instructor técnico y "(sus) habilidades fueron usadas de inmediato en el Museo de Nigeria en Lagos… en la restauración de partes perdidas de esculturas en madera" (Willett 1986: 50), un cargo que tuvo hasta su traslado a Ife en 1958. Murió de cáncer en 1983. Willett recuerda a Akeredolu en su artículo por crear un medio exigente, la talla de miniaturas en las espinas del árbol algodón-seda (*silk-cotton*). Estas tallas tienen forma cónica, una altura entre 5 y 10 centímetros y muestran una variedad de escenas cotidianas ("niño deshierbando", "niña moliendo comida"). Las tallas de Akeredolu han tenido muchos imitadores.

Aparentemente son frecuentes en Nigeria y en México, donde se encuentra una especie de espinas similar. Willett preguntó: "¿Fueron estimuladas por tallas sobre espinas importadas de Nigeria?; ¿o un viajero que había visitado Nigeria habiendo visto esas espinas en México sugirió que podían ser talladas?; ¿o se trata de un caso de invención independiente?" Concluyó: "Quizás el uso continuado de un medio inventado por uno es el mejor monumento que puede desear un artista. Ciertamente nadie ha superado la habilidad de Akeredolu en usarlo" (Willett 1986: 53); un epitafio perfecto para la observación de Goodwin, "esencialmente un artesano artístico". Aquí el asunto es la disminución entre los términos arte y artesanía (como la disminución entre arqueólogo y cotrabajador). Donde Willett vio carácter artístico e innovación Goodwin solo vio la aplicación torpe de una artesanía. La ironía de la entrada de Akeredolu en el registro oficial no habría escapado la atención de nadie. Fue capaz de elevarse sobre sus iguales, no como un hacedor de historia sino como su materia prima. Sus tallas en espinas son perseguidas por los coleccionistas quienes, como Willett (1986: 50), admiran 'la delicadeza de su toque'.

Trabajo nativo

¿De qué hablan esos fragmentos? En un nivel hablan, poderosamente, de la naturaleza parcial y limitada del archivo. La colección Goodwin me hace conocer la vida, pensamientos y procesos interiores de Goodwin a un grado notable, hasta sus poemas de universidad y sus garabatos, pero no especifica nada de sus cotrabajadores. Pero hay otro reto, más determinado, presentado en términos de los hábitos disciplinarios de autorepresentación y de elisión o remoción del trabajo. Estos hábitos de elisión no solo están bien establecidos, desde luego, en la arqueología colonial. ¿Qué es un reporte de sitio sino la presentación de un *fait accompli*, un ejercicio de remoción de la agencia? Las secciones se cortan con precisión, las cuadrículas se numeran, los hallazgos se embolsan y etiquetan en el desenvolvimiento de un proceso tan necesario como inexorable. La implicación es que los agentes humanos reales son irrelevantes; lo que importa es su acción sobre la metodología. Hodder (1989) notó un cambio en estilo y retórica de los reportes de sitios arqueológicos. Los ejemplos más tempranos del género daban reportes orientados por los actores y usaban pronombres personales. A finales del siglo XIX "ocurrió una transformación hacia reportes más distantes, abstractos y descontextualizados" (Odre 1989: 271) y el uso de la voz pasiva ("se encontró" un bloque de arenisca). Por debajo de estas transformaciones hubo cambios en los modos de la autoridad en la disciplina y la naturaleza de sus inserciones institucionales. Para que el agente arqueológico pueda aparecer como un dios en su autoría del sitio la excavación se presenta en la voz pasiva, indirecta.

En un contexto colonial esos hábitos de elisión fueron compuestos por una ansiedad específica en torno al tema del trabajo "nativo", lo que nos lleva, simultáneamente, al corazón de la economía política colonial y al centro, a las fuentes más profundas, del imaginario del colono. La preocupación por el trabajo nativo, su ductilidad, su costo, su oferta continua, es un hilo que une la historia colonial y el apartheid desde los intentos por someter al trabajo a los khoisan, hasta la práctica de la esclavitud en el Cabo, el crecimiento del movimiento sindical y los desafíos al apartheid en las décadas de 1970 y 1980 (Elphick 1977; O'Meara 1983; Elphick y Giliomee 1989; Seekings 2000). En un ensayo justamente famoso Coetzee (1988a) no puso al descubierto la historia del trabajo sino la de su opuesto: "la holgazanería en Sudáfrica". Coetzee escribió sobre una tradición duradera en el "discurso del Cabo" que representa a los nativos como haraganes e indolentes (y, por lo tanto, antimodernos y antiprogreso). En una inversión irónica la llegada de los británicos al Cabo hizo que este cargo de holgazanería fuera traspasado a los boers. Una lectura de la historia del apartheid es el intento por enfrentar las seducciones de holgazanería, "quitar a los hombres blancos la libertad de salir de las clases trabajadoras", un proceso en el cual puede ser encontrada "la desaparición de la civilización cristiana blanca en la punta de África" (Coetzee 1988a: 35).

Hacia la mitad del siglo XIX la fusión del pensamiento racista y las ideas sobre el trabajo "nativo" ya había sido desarrollada. Patrick Brantlinger (1998: 183) señaló que los victorianos veían a los africanos como "una clase natural de trabajadores hecha solo para el trabajo sucio de la civilización". El imperialismo dio un giro, una nostalgia por una autoridad perdida "y por un proletariado dócil, completamente subordinado" que se había perdido en casa. En este contexto el "racismo funciona como un sistema de clases desplazado o sustituto que se vuelve más extremo a medida que los alineamientos de clase domésticos que refleja son amenazados o erosionados" (Brantlinger 1998: 184). En uno de los pocos pasajes donde reflexiona sobre el trabajo nativo Goodwin expresó un sentimiento similar. En 1945 publicó el que fue, hasta hace poco, el único texto sobre metodología arqueológica producido localmente, *Method in prehistory* [*Método en la prehistoria*]. En la sección sobre excavación anotó:

> En Europa la "temporada" coincide, generalmente, con parte de la vacación larga. Allí se vuelve, año tras año, al mismo sitio. El trabajo lo hacen trabajadores europeos supervisados o estudiantes parcialmente entrenados —también supervisados—. Se ha encontrado que dos o tres trabajadores y una mano casual son todo lo que se puede controlar adecuadamente mientras media docena de estudiantes es lo máximo que se puede organizar para supervisión. En África dos trabajadores (quienes deben ser sólo empleados para la limpieza y para el trabajo en el campamento, excepto que sean particularmente seguros y confiables), un estudiante y el excavador entrenado para supervisar son, generalmente, lo que más se puede usar en una trinchera o sección, excavando y cerniendo alternativamente (Goodwin 1945: 90).

En esas dos palabras, seguro y confiable (o, como Goodwin escribió en sus cartas, dispuesto), pueden ser leídas todas las esperanzas y temores de la política laboral colonial. Interesantemente, desde luego, la práctica de Goodwin esconde esta afirmación, como atestiguan las fotografías de su archivo, justo como, en un campo más amplio, el trabajo "nativo" jugó un papel más grande en la construcción de la sociedad colonial de lo que generalmente se admite, no solo levantando los mayores pesos sino haciendo muchas otras cosas.

Los elementos de la descripción que hizo Goodwin de sus cotrabajadores, en particular la mezcla de familiaridad y distancia y la crueldad latente, señalan el camino para una lectura psicoanalítica de esas relaciones. En 1990 fui asistente de investigación y lector de John Maxwell Coetzee en un proyecto sobre el trabajo de Geoffrey Cronje, el ideólogo fundacional del apartheid, publicado como *The mind of apartheid* [*La mente del apartheid*] (Coetzee 1991). Coetzee encontró en los escritos de Cronje una rica vena de obsesión que exploró en términos de temáticas de contacto, polución y mezcla y señaló:

> Como un episodio en el tiempo histórico el apartheid está *sobre-determinado*. Realmente surgió de auto-interés y codicia pero también floreció del deseo y del odio del deseo. En su codicia exigió cuerpos negros en toda su *fisicalidad* para quemar su energía como trabajo. En su ansiedad sobre los cuerpos negros hizo leyes de hierro para eliminarlos de la vista. Por lo tanto, su esencia fue la confusión, desde el principio: una confusión que la ansiedad desplazó, salvajemente, alrededor suyo (Coetzee 1991: 2).

Esta dinámica de atracción y repulsión originó una de las principales fantasías de la vida de los colonos: un continente africano libre de africanos pero, simultáneamente, un lugar donde el trabajo sigue siendo hecho, donde el trabajo se hace. Esta fantasía de ocio e inocencia dio lugar a un grupo de prácticas relacionadas con la desaparición del trabajo nativo: el cuarto de la sirvienta escondido en la parte trasera de la casa, la barriada empujada más allá de los límites de la ciudad, el brillo que cruza el ojo de la señora cuando se sirve la bandeja del té o se levantan los platos sucios. Njabulo Ndebele (1998), el escritor y crítico sudafricano, ahora miembro de una elite recientemente empoderada, describió la experiencia de visitar reservas de caza a finales de la década de 1990, pocos años después del inicio del camino de la transformación política. Diseñada como un ejercicio de relajación, se convierte, más bien, en una experiencia dolorosa porque Ndebele es lanzado contra la celebración de "un tipo particular de poder cultural: el disfrute del ocio colonial". Para Ndebele todo está aún en su lugar, desde el claro en el bosque que significa la civilización hasta:

> [...] los trabajadores negros sin cara, comportándose dócilmente, quienes limpian los cuartos, lavan los platos, prenden el fuego, cuidan a los niños y se aseguran de que los refugiados del ocio encontrarán sus carros limpios en la mañana. Viviendo en algún lugar "allá afuera", más allá de la frontera pulcramente recortada, los trabajadores negros vienen al claro a servir. Después desaparecen de nuevo. En sus idas y venidas son tan inescrutables como la selva densa de donde emergen y a donde regresan.

Ndebele continúa:

> ¿Cómo puede la reserva de caza desarrollar formas de ocio que estén enraizadas en la experiencia contemporánea de Sudáfrica, abasteciendo para una nueva clientela ociosa y garantizando ganancias?; ¿cómo puede participar la reserva de caza en la liberación general del ocio?

Y, después, de manera más inquietante:

> ¿Es posible que Sudáfrica sea una gran reserva de caza donde todos sus ciudadanos negros están luchando por dar sentido a sus vidas, como quien despierta en una enorme casa vacacional que ahora se supone es suya pero que no reconoce completamente...? Pensamos: no hay paz para aquellos atrapados en el proceso de llegar a ser.

Producción de conocimiento

Si nos centramos en las relaciones de trabajo en arqueología debemos recordar varias cosas. En primer lugar, que el conocimiento en arqueología es producido y construido (en vez de ser descubierto) y que esa producción involucra sudor y esfuerzo. El acto de la producción de conocimiento tiene lugar, como señaló Foucault en *La arqueología del saber* (2001), su trabajo sintético más importante, bajo ciertas condiciones y relaciones, incluyendo relaciones de trabajo y de producción material. El lado elocuente de esta observación es que esas condiciones y relaciones, inevitablemente, determinan la naturaleza del conocimiento que es producido. Aunque la noción *producción de conocimiento* puede parecer sobre-explotada aún retiene una relevancia sorprendente para la arqueología, una disciplina que permanece, generalmente, atada a un modelo académico en el cual el conocimiento es descubierto (en vez de producido). Este hecho está en contraposición con la antropología social, que publicitó su "giro reflexivo" desde la década de 1980 (Clifford y Marcus 1986; Marcus y Fischer 1986), a pesar del advenimiento de la arqueología postprocesual en el mismo periodo (Hodder 1987, 1994; Shanks y Tilley 1987a, 1987b) y el cuerpo de trabajo excitante y teóricamente aventurero recogido bajo ese nombre.

Es una ironía consumada que la arqueología, una disciplina cuyas metodologías implican esfuerzo físico máximo, horas invertidas en la excavación o en el cedazo, rutinariamente pierda de vista sus condiciones de producción material. Como la clave en una historia de misterio, quien está más a mano es el menos sospechoso. La narrativa problemática de la producción arqueológica queda opacada por la espectacular narrativa del descubrimiento, el momento milagroso de la apertura de la tumba o la excavación del hallazgo raro. Los cotrabajadores de Goodwin nos presentan un instancia extrema de elisión del trabajo "nativo" pero esas prácticas fueron (y, en algunos casos, todavía son) extendidas en la disciplina (Fotiadis 1993). El interés de las relaciones de trabajo de Goodwin no solo descansa en su excepcionalidad sino en la manera como nos dirige hacia las prácticas que definen la episteme.

La noción de que el conocimiento arqueológico es construido nos conduce a una posibilidad adicional: la noción de que el conocimiento puede ser construido de manera diferente. Abre la posibilidad de conocimiento nuevo, incluso de nuevas formas de conocimiento. Volviendo a las fotografías, si imaginamos un proceso de edición digital la imagen está *reenmarcada*: la fotografía que aparece en los márgenes o agachada en la sombra se pone al frente o —incluso mejor— detrás de la cámara y se convierte en la conciencia enmarcante detrás de la fotografía. Embebido en este asunto está un comentario sobre la naturaleza del archivo fotográfico. Las imágenes que me interesan son aquellas que no fueron impresas —o que no fueron imprimibles— dentro del género tradicional de producción arqueológica. En cambio, lo que encontramos en los reportes de sitio son tomas estilizadas de artefactos individuales (estratégicamente iluminados y dispuestos contra fondos neutros) y tomas de depósitos arqueológicos (barridos, ordenados, cuadriculados y etiquetados), cuidadosamente hechas. Estas tomas forman una clase de imaginería de la que son excluidos los cotrabajadores y asistentes, junto con piezas extrañas al equipo, señales de la vida en el campamento, secciones colapsadas y artefactos fuera de lugar, es decir, cualquier señal de producción o de error.

Sin embargo, incluso en la mano más desapasionada la cámara admite lo inesperado, encuentra disposiciones sorpresivas de luz y sombra e inusuales composiciones de figuras; en suma, evade el control (por cierto, control es una noción muy usada por los arqueólogos en conexión con el proceso de excavación). Me parece que allí descansa el poder permanente de estas imágenes: son capaces de abrir espacios para una aprehensión alternativa de lo real, de gesticular hacia lo nuevo, incluso si no pueden especificar su naturaleza. La arqueología en Sudáfrica, como en otras partes, está atrapada en un momento de transición que confirma los viejos y establecidos patrones de operación, en una división colonial del trabajo y el premio, o la emergencia del algo nuevo. En mi práctica las fotografías de la colección Goodwin se convierten en un medio para repensar (la palabra de moda sería *deconstruir*) los términos de compromiso de la arqueología en esta parte del mundo. Los textos arqueológicos han estado cerrados a muchas cosas, especialmente a las condiciones de su producción. Pregunta: ¿qué pasa cuando usted abre su texto? Respuesta: deja entrar la luz.

Arqueología soñando: imaginarios urbanos postapartheid y los huesos de los muertos de la calle Prestwich

Todo lo que está enterrado no está muerto.

Olive Schreiner (1998)

Seis pies del país

Diez años después de la transición política de 1994 los arqueólogos sudafricanos se encontraron en el centro de una disputa pública divisiva y disputada.[11] Estaba en juego el destino de un sitio de entierro de inicios de la colonia en la calle Prestwich, Green Point, un distrito de rápida gentrificación de Ciudad del Cabo cerca del Waterfront, la glamorosa zona internacional de la ciudad. La exhumación en la calle Prestwich fue un momento decisivo para la arqueología sudafricana. Fue también —en mi versión de los hechos— una historia de fracaso y de oportunidades perdidas. Pero decir esto es adelantarme...

---

11 Varias personas e instituciones me han ayudado en la preparación de este ensayo. Me gustaría dar las gracias a mis colegas en el proyecto sobre "Pasados Públicos" Leslie Witz, Ciraj Rassool, Premesh Lalu y Noeleen Murray, por consejos y comentarios. Aplican las renuncias habituales. Quiero dar las gracias a Christian Ernsten y Gerard Ralphs, estudiantes de postgrado en el Centro de Estudios Africanos, por su ayuda en la construcción del archivo sobre la calle Prestwich. Debo un agradecimiento especial a Eustacia Riley y a Janine Dunlop, extraordinarias asistentes de investigación.

¿Por dónde comenzar? ¿En el momento cuando el equipo de demolición encontró huesos humanos por primera vez? ¿O al final, con la fantasía ligera de "The Rockwell", con su promesa de lujo sin preocupaciones? Quizás sea mejor empezar dibujando un campo de implicación, un terreno de ideas, espesar nuestro sentido de tiempo y lugar. Pues bien: en la novela de Nadine Gordimer (1974) *The conservationist* [*El conservador*] dos personajes tienen los roles centrales: Mehring, el terrateniente afrikaner blanco, y el cuerpo de un hombre negro anónimo enterrado en una tumba poco profunda en la granja de Mehring. Mehring es un industrial que vende arrabio a los japoneses. Su propiedad de la finca es un acto de romanticismo, una vuelta a la tierra; también es una manera de evadir impuestos en años de fracaso. El hombre negro es una víctima de asesinato, posiblemente del lugar negro que la finca bordea. Su entierro apresurado fue hecho por la policía para evitar la molestia "de otra investigación de asesinato conectada con la ubicación africana [gueto]" (Clingman 1986: 141).

La víctima negra entra en los sueños de Mehring y lo inquieta y hace incierta su posesión de la finca. El asesinado ha sido inadecuadamente sepultado; yace boca abajo, su boca está llena de tierra. En esta segunda vida la imaginación adquiere un nuevo tipo de elocuencia. Al final una tormenta que sopla desde Mozambique perturba el cuerpo, "llevándolo a la superficie para sacar a Mehring de la finca, aterrorizado y en crisis, y reclamando la tierra en su capacidad representativa" (Clingman 1986: 141). Esto queda claro en la novela. Con referencia al cuerpo las últimas palabras son "ha vuelto", un eco consciente del gran grito de combate del Congreso Nacional Africano: ¡Afrika! ¡Mayibuye! ("¡Que África pueda regresar!"). Stephen Clingman, en cuya sensible lectura de la obra de Gordimer me he basado, comienza su relato con un epígrafe tomado de *The story of an African farm* [*El relato de una finca africana*] de Olive Schreiner: "Todo lo que está enterrado no está muerto". En su opinión *The conservationist* es parte de la próxima gran "señalización" en la conciencia colonial. Por eso llama al libro "una historia del futuro". Lo que predice es nada menos que la disolución del orden de los colonos.

The conservationist estableció una poderosa metáfora para la culpa del apartheid: el inevitable regreso de la verdad del pasado y la imposibilidad de retrasar, para siempre, el día del ajuste de cuentas. Con sus temas de culpa y confrontación, de verdades ocultas y reveladas, proporcionó una metáfora central y convincente para los acontecimientos de la década de 1990, el menor de los cuales no fue el resurgimiento institucionalizada de la Comisión de la Verdad y la Reconciliación. Hasta allí todo bien, pero ¡espere! *The conservationist* se basa en el famoso cuento de Gordimer (1956) *Six feet of the country* [*Seis pies del país*]. *The conservationist* termina con el regreso simbólico del cuerpo y la victoria anticipada de las fuerzas del nacionalismo africano (aunque no se explica cómo sucede) pero el final del cuento es ambiguo. Un negro de Rodesia viaja a Sudáfrica en busca de trabajo, contrae neumonía y muere en la finca de una pareja de blancos en las afueras de Johannesburgo. La comunidad local de trabajadores agrícolas negros desea enterrar el cuerpo con el debido respeto pero sobreviene una serie de confusiones macabras. Después de la autopsia el cuerpo es enterrado sin el consentimiento de las autoridades sanitarias. Cuando los trabajadores negros recogen 20 libras esterlinas para la exhumación se envía un cuerpo equivocado en el ataúd sellado. El error solo se descubre cuando el padre del muerto, que ha viajado para el funeral, se queja de que el cuerpo es demasiado pesado para ser el de su hijo. Clingman (1986: 140) escribió al respecto:

> La implicación es clara: no se pueden conceder "seis pies del país" a los negros, ni siquiera muertos. Sudáfrica es el país del hombre blanco en el que las dignidades básicas, en la muerte como en la vida, no se otorgan a los negros.

El padre del hombre muerto es transado con un traje viejo y el cuento termina "en una especie de angustia liberal, contemplando este hecho" (Clingman 1986: 140). En lugar de un cierre quedamos con una maraña de preguntas, de asuntos aún pendientes.

Al sueño profético de Gordimer sobre lo incompleto puedo añadir algunas voces contemporáneas. La primera es de Achille Mbembe (2004: 404), quien en un número especial de la revista *Public Culture* sobre Johannesburgo escribió:

> Nuestro sentido de totalidad urbana ha sido fracturado —de ahí la yuxtaposición de diferentes imágenes, los recuerdos de un pasado rechazado o fantaseado—. Los objetos históricos específicos son arrancados de su contexto, incluso mientras el Estado trata, afanosamente, de conmemorar y musealizar, de construir nuevos monumentos y paisajes históricos que, supuestamente, reunirán diferentes fragmentos de la nación.

La segunda voz es de Svetlana Boym (2001: 77): "En las ciudades en transición la porosidad es particularmente visible; convierte a la ciudad en una exposición de arte experimental, un lugar de improvisaciones continuas". Porosidad, improvisación continua, experiencia urbana fracturada, objetos arrancados de sus contextos, fragmentos de la nación, muertos inquietos y resurgentes, culpa, reparación, sueños y estratagemas: un útil conjunto de nociones para considerar el caso de los muertos de la calle Prestwich.

El paso del tiempo en la calle Prestwich

Green Point es una parte de Ciudad del Cabo estratégicamente ubicada entre el distrito central de negocios y el nuevo desarrollo inmobiliario en el puerto. Durante gran parte de los siglos XVII y XVIII estuvo fuera de los límites formales del asentamiento, una zona marginal que fue el lugar de las horcas y de las torturas, situada en una prominente duna de arena. También contenía los cementerios de la Iglesia Holandesa Reformada y de los militares y de numerosos entierros indocumentados e informales. Quienes fueron enterrados fuera de los cementerios oficiales habrían formado parte de las clases bajas de Ciudad del Cabo en la época colonial: esclavos, negros libres, artesanos, pescadores, marineros, sirvientas, lavanderas y sus hijos, así como criminales ejecutados, suicidas, pobres y víctimas no identificadas de naufragios (Hart 2003b). En la década de 1820 Green Point fue subdividido y vendido como bienes raíces; con el tiempo pasó a formar parte del núcleo urbano densamente construido. A finales de la década de 1960 y principios de la década de 1970 los residentes negros y de color fueron desplazados por la fuerza de Green Point y relocalizados en las desoladas *townships* de Cape Flats; estos acontecimientos entraron en el imaginario popular a través de la suerte de los residentes del Distrito Seis, en el otro lado de la ciudad. Actualmente Green Point se encuentra en un proceso de gentrificación rápida, impulsado por la escalada de los precios inmobiliarios. Para muchos de los antiguos residentes esto significa que aun cuando el espacio político se haya abierto, permitiéndoles volver a adquirir sus propiedades en el centro de la ciudad, los elevados precios de los inmuebles los enfrentan a nuevas formas de exclusión económica.

A mediados de mayo de 2003 se descubrieron huesos humanos en una construcción en una cuadra en la calle Prestwich, en Green Point. El constructor, Ari Estathiou de Styleprops Ltd., lo notificó a la South African Heritage Resources Agency, SAHRA [Agencia de Recursos Patrimoniales de Sudáfrica], de conformidad con la Ley Nacional de Recursos del Patrimonio (Ley Nº 25 de 1999), que había sido recientemente aprobada, y la construcción se detuvo. También de acuerdo con la ley el constructor nombró a la Oficina de Arqueología de Contrato (OAC), afiliada con la Universidad de Ciudad del Cabo, para que hiciera la investigación arqueológica. La OAC solicitó y obtuvo un permiso de SAHRA (2003e) para una "exhumación de rescate de restos humanos". Esta no era la primera exhumación de este tipo en Green Point. En 1994 la OAC había estado involucrada en la excavación de un enterramiento anónimo en Cobern Street, a corta distancia de allí (Cox 1999). La ley establece un periodo de notificación de 60 días y un proceso de consulta pública. Antonia Malan, una arqueóloga histórica de la Universidad de Ciudad del Cabo, fue contratada por la OAC para realizar el proceso de consulta pública, que hizo a nombre del Foro de Sitios y Recursos Culturales (FSRC), una organización pública de apoyo con un historial de participación en cuestiones patrimoniales. SAHRA es la institución nacional encargada de la protección y gestión de los recursos patrimoniales y sustituyó al Consejo de Monumentos Nacionales de la época del apartheid.

El 11 de junio comenzó la exhumación de los cuerpos. Siete semanas después, el 29 de julio, se llevó a cabo una reunión pública en la iglesia de San Esteban en el centro de Ciudad del Cabo. Ya en ese momento se habían exhumado los restos de unas 500 personas, la mayoría enterrada superficialmente sin lápidas o ataúdes. Los entierros más antiguos se intercalaban con enterramientos posteriores. El sitio fue cercado con alambre y fue abierto al público. En los 1200 metros cuadrados del lugar el número total de cuerpos encontrados fue cerca de 1000, cifra bastante más alta que la estimación inicial de 200. Mientras tanto se había establecido un Grupo Especial de Referencia (GER), sobre todo de arqueólogos y biólogos de la Universidad de Ciudad del Cabo. Malan y el GER enmarcaron la agenda de la reunión pública en términos de consultas relativas a la relocalización de los cuerpos y la memorialización del sitio. Judith Sealy, una arqueóloga del GER, presentó una propuesta para volver a enterrar los cuerpos "en ataúdes individuales, en una cripta o mausoleo". Este sería un lugar en donde "se podría honrar a los muertos", al tiempo que se permitiría "que investigadores de buena fe pudieran tener acceso a los esqueletos para realizar un estudio cuidadoso, respetuoso y científico" (Sealy 2003).

La respuesta del público fue furiosa. El acta de la primera reunión pública registra "una sensación general de insatisfacción, inquietud y falta de respeto" (Malan 2003). Se preguntó por qué el permiso de demolición había sido aprobado sin el requisito de un estudio arqueológico, por qué las exhumaciones habían continuado durante el periodo de notificación de 60 días y por qué la primera reunión pública había tenido lugar tan tarde. La oposición a las exhumaciones vino de varios frentes: líderes de la comunidad, muchos de los cuales habían sido activos en la lucha contra el apartheid;

líderes espirituales cristianos y musulmanes; académicos de la Universidad del Cabo Occidental, históricamente negra; las ONGs del sector del patrimonio; y representantes khoisan. Zuleiga Worth, que se identificó como musulmana del Cabo, dijo: "Yo fui a la escuela primaria de la calle Prestwich. Crecimos con lugares encantados; vivimos en tierra encantada. Sabíamos que allí había cementerios. Mi pregunta a la ciudad es, ¿cómo sucedió esto?" (Malan 2003: 5). Joe Marx declaró: "Estos huesos no son desconocidos, son conocidos. Estas personas eran descendientes de personas en el Cabo" (Malan 2003: 6). El acta también registra los comentarios de otras personas, algunas de las cuales no fueron identificadas:

> Mujer en la parte de atrás: ¿Con qué criterios decide SAHRA sobre la exhumación? Asuntos de moralidad africana y derechos africanos...
>
> Hombre con camisa verde: El constructor contactó a SAHRA e hizo estrategias de mercadeo para esta noche. No estoy de acuerdo con estas ideas... Los arqueólogos pueden ir a excavar a otra parte...
>
> Rob, del Haven Shelter (un asilo nocturno para habitantes de la calle): Muchas preguntas surgen de la gente negra que anda cerca del sitio. ¿Por qué la gente blanca, y las mujeres blancas, rasguñan en nuestros huesos? Esto es sacrilegio... (Malan 2003: 4-6).

Zenzile Khoisan dijo: "¡Lo único que quieren estos arqueólogos es desempolvar los huesos y analizarlos con sus pruebas científicas y ponerlos en la alacena!" Al salir con virulencia del salón gritó: "¡Dejen de robar tumbas! ¡Dejen de robar tumbas!" (Malan 2003: 6). En unas notas circuladas después de la reunión Ciraj Rassool, historiador de la Universidad del Cabo Occidental (UCO), dijo que al proponer una política pública el GER había excedido sus poderes y se había involucrado en propuestas que sus miembros "estaban mal equipados para hacer" (Malan 2003: 3). Dijo que había "una falta de conciencia política en la manera como se había manejado el asunto, una especie de ingenuidad". También dijo que "el asunto era demasiado importante como para dejarlo en manos de la relación privada entre el constructor y el arqueólogo, tal y como fue mediada por SAHRA" (Malan 2003: 3).

El 1 de agosto de 2003 SAHRA anunció un "cese provisional" de la actividad arqueológica en el yacimiento hasta el 18 de agosto para permitir un proceso más amplio de consulta pública, posteriormente extendido hasta el 31 de agosto. Como consecuencia de la primera reunión pública Tim Hart, de la OAC, escribió a Ari Estathiou y Andre van der Merwe, el facilitador del proyecto designado por Styleprops, para expresar su sorpresa y malestar con la nueva situación. Escribió que podría ser necesario aumentar la seguridad en el lugar debido a lo que estaba "demostrando ser circunstancias muy indeseables". Sin embargo, "a pesar de la reunión de ayer (calumnias raciales y acusaciones de deshonestidad y robo de tumbas)", el equipo de arqueólogos siguió comprometido con las exhumaciones. Hart escribió:

> Quiero demostrar visiblemente... la forma despreciable como las personas han sido enterradas y déjenles juzgar si se trata de un lugar de descanso o un lugar de desorden incómodo. (Mi opinión personal es que el sitio, como es actualmente [es] indigno, y los restos son merecedores [de] la mayor dignidad y [me] gustaría demostrarlo.[12]

El 16 de agosto FSRC convocó una segunda reunión pública, en la cual también se recogieron opiniones por teléfono, correo electrónico y fax. Poco más de 100 opiniones fueron recogidas. Mavis Smallberg (2003), del museo de la Isla Robben, dijo:

> [...] mi sugerencia enfática es tapar las tumbas... Aparte [del] recientemente renombrado Alojamiento de Esclavos no hay otro espacio público que marque o conmemore, respetuosamente, la presencia de los esclavos y los pobres en la sociedad de Ciudad del

---

12   Mensaje electrónico a Andre van der Merwe y Ari Estathiou.

Cabo... ¿Sólo los científicos van a beneficiarse de las indagaciones sobre estos huesos? ¿Cuál es el propósito y utilidad para las diversas comunidades a las que pertenecen los muertos saber lo que comían hace 150 años o de dónde venían?[13]

Imam Davids (2003) escribió lo siguiente a nombre del Retreat Muslim Forum: "[Nosotros] vemos con consternación el trabajo y el enfoque del FSRC, con sede en la Universidad de Ciudad del Cabo" (Davids 2003).

Por otro lado, hubo una fuerte reacción contra quienes habíamos sido críticos del proceso y en contra del creciente cabildeo antiexhumación. Alan Morris, biólogo humano de la Universidad de Ciudad del Cabo, señaló:

> Miembros del público y académicos destacados (especialmente de la Universidad del Cabo Occidental) sugirieron parar la construcción y hacer del sitio un memorial. Han juzgado equivocadamente la razón para hacer un proceso público. NO es una oportunidad para controlar el desarrollo de la ciudad pero SÍ una oportunidad de unirse al proceso de conmemoración... no dejemos que los pseudo-políticos se beneficien [a costa nuestra] (Malan 2003: 4).

El constructor presentó un informe a FSRC, a través de Andre van der Merwe, "para proporcionar la perspectiva del desarrollo". Muchos de los apartamentos de lujo de la unidad residencial ya habían sido pre-vendidos. Al momento del inicio de las obras se habían firmado contratos de venta por 21 millones de rands, que estaban en riesgo debido a la demora. Además de cargar con los costos de la demora el constructor también estaba pagando por el trabajo arqueológico y el proceso de consulta pública. El informe expresa la esperanza de "una solución razonable" (van der Merwe 2003: 1).

---

13 Mensaje electrónico a Antonia Malan.

El 9 de agosto de 2003 el sínodo de la diócesis de la Iglesia Anglicana de Ciudad del Cabo, bajo el liderazgo del arzobispo Njongonkulu Ndungane, sucesor de Desmond Tutu, aprobó por unanimidad una resolución condenando las exhumaciones y pidiendo que "las instituciones y organizaciones apropiadas sean guiadas por valores y costumbres africanos en materia de exhumaciones, inhumaciones y cementerios" y que "[nuestro] gobierno, a través de su agencia de patrimonio... mantenga la integridad de la zona como la de un cementerio".[14] Entre el 25 y el 29 de agosto de 2003 SAHRA convocó una serie de reuniones con "grupos interesados y afectados". Según el acta una reunión con "arqueólogos y académicos" de la Universidad de Ciudad del Cabo fue "impulsada por un fuerte sentimiento sobre la percepción pública de la arqueología. Se planteó que el público parecía pensar que los arqueólogos sólo querían desenterrar huesos... (se consideró que esto) fue parte de la percepción y el sentimiento general que demonizó a la disciplina" (SAHRA 2003d).

En una reunión con el Consejo Metropolitano del Cabo se supo que la delegación de poderes entre SAHRA y la ciudad estaba en cuestión ya que la ciudad estaba "actuando de manera ilegal en algunas de [sus] responsabilidades" (SAHRA 2003c). El 29 de agosto SAHRA convocó una tercera reunión pública en la Iglesia de San Andrés en Green Point "para cerrar el proceso de participación pública" (SAHRA 2003b). La transcripción literal de la sesión registra los comentarios de los asistentes. Una persona no identificada dijo:

> Hay una especie de sentido de que es un hecho consumado. Hubo 60 días. Los 60 días han terminado; ahora depende de que el constructor sea amable con nosotros. Pero para mí no se trata del constructor. Se trata de las personas que yacen allí y de las personas que formaban parte, históricamente, de esa comunidad... [Los intereses del constructor] deben ser de importancia secundaria. Lo mismo con

---

14   Mensaje electrónico a Mogamat Kamedien.

los arqueólogos... tienen una responsabilidad social antes de que tengan una responsabilidad con el constructor (SAHRA 2003b: 15-16).

Otro entrevistado dijo que

> [...] hay múltiples implicaciones de este cementerio y de su exhumación en el centro de la ciudad... en esta ciudad nunca ha habido una voluntad de afrontar [la cuestión del genocidio y la] destrucción de las comunidades humanas que fueron traídos de todo el mundo... Esta es una oportunidad para llegar al fondo de eso y el tiempo significa diferentes cosas para diferentes personas, instituciones, grupos de interés. La hora de los muertos: tenemos que considerar lo que eso significa (SAHRA 2003b: 17-18).

Michael Wheeder, quien más tarde desempeñaría un papel fundamental en el Comité La Calle Prestwich No Se Toca (HOC, por sus siglas en inglés), dijo:

> Muchos de nosotros, descendientes de esclavos, no podemos decir "aquí está mi certificado de nacimiento". Somos parte de la gente común de Ciudad del Cabo... Las personas de raza negra llegamos a la ciudad, apresuradamente, en taxis y tenemos que salir corriendo después. En un momento hace muchas décadas vivimos y amamos y trabajamos aquí. Nada [nos recuerda esa historia]... y por eso dejen [el lugar] como un memorial al señor González que vivía allí, a la señora de Smidt que vivía allí. Los pobres de la zona, los pescadores, los trabajadores domésticos, las personas que barrían las calles. Conmemoren eso. Dejen los huesos allí... Es un sitio que han poseído por primera vez en su vida, *het hulle stukkie grond* ("tienen un pequeño pedazo de tierra"). Déjenlos en ese terreno. ¿Por qué encontrar

ahora, en la gentileza de esta nueva dispensación, un lugar con el que no tienen conexión? (SAHRA 2003b: 18-19)

Mongezi Guma, uno de los facilitadores de la reunión, dijo en su nota de cierre:

> ¿Cómo podemos hacer frente a los intangibles de las vidas de las personas que fueron arruinadas? [Esto no es sólo sobre] una persona o familia. No se trata sólo de eso. Se trata de gente que fue, literalmente, arrojada... Estoy tratando de que SAHRA salga de una simple decisión legalista (SAHRA 2003b: 20-21).

El 1 de septiembre, a pesar de que en la tercera reunión pública la oposición a las exhumaciones tenía mucho peso, Pumla Madiba, el presidente de SAHRA, anunció la reanudación de los trabajos arqueológicos en el sitio. En una declaración a la prensa dijo que "[por] respeto los esqueletos serán movidos", una extraña inversión de las posiciones expresadas en la tercera reunión pública. Los reportes indican que Madiba dijo: "Muchas de las personas que se opusieron eran muy emocionales y no dieron razones reales de oposición a que los esqueletos fueran reubicados (sic)" (Kassiem 2003: 1).

Parece que antes del anuncio la gente de SAHRA estaba muy ansiosa sobre el costo de la expropiación y la posibilidad de acciones legales por parte de la constructora. Un memorando interno (filtrado) enviado al Comité de Arqueología, Paleontología, Meteoritos y Objetos Patrimoniales de SAHRA (el comité que debía emitir el permiso en este caso) expresa la preocupación de que si el sitio se conserva como un lugar patrimonial tendría "consecuencias desastrosas para el constructor que, seguramente, apelaría la decisión e iniciaría acciones legales contra SAHRA y la ciudad". El comité fue informado de que es "imperativo que SAHRA y la ciudad tomen una decisión razonable... El asunto es urgente porque los apartamentos ya han sido pre-vendidos y cada retraso significa que los gastos están aumentando" (PPPC 2003). Las actas de la reunión del 8 de agosto dan una idea de la manera como SAHRA estaba interpretando su mandato: "Nosotros, como personal de SAHRA, somos empleados por nuestra experiencia y estamos aquí para tomar las decisiones finales a nombre del público" (SAHRA 2003a: 4).

El 4 de septiembre el HOC se puso en marcha. En ese momento la oposición a las exhumaciones se desplazó del proceso oficial de consulta pública a la sociedad civil y a la política de acción de masas. El 12 de septiembre el HOC interpuso un recurso ante SAHRA pidiendo detener las exhumaciones y "un proceso completo y extenso de consulta a la comunidad" (HOC 2003). El documento de apelación señala que "para una gran parte de la comunidad de Ciudad del Cabo, cuya existencia y dignidad han sido negadas por tanto tiempo, el descubrimiento y preservación del cementerio de la calle Prestwich pueden restaurar, simbólicamente, su memoria e identidad". Continúa así:

> Las necesidades de la arqueología como ciencia parecen haber tenido prioridad sobre otras necesidades: las necesidades de la historia sociocultural de la comunidad, del recuerdo colectivo y de reconocer el dolor y el trauma relacionado con el sitio y la historia que lo produjo.

Al oponerse a las exhumaciones sostiene que

> [...] hacen imposible las identificaciones de las personas con ese espacio físico particular en la ciudad. Ese desplazamiento recuerda, aunque sea involuntariamente, los traslados forzosos del régimen del apartheid en la misma área (HOC 2003: 8).

El 23 de octubre se fijó como fecha para una audiencia que consideraría la apelación. En el periodo previo a la audiencia HOC organizó vigilias con velas en el sitio de la calle Prestwich los domingos por la noche. Una valla fue erigida fuera de la catedral de San Jorge, un sitio simbólico de protesta contra el apartheid, con el lema "!Alto a las exhumaciones! ¡Detengan la profanación!" A la hora del almuerzo se celebraron piquetes en el centro de la ciudad. El 19 de noviembre el Comité de Apelaciones convocado por SAHRA produjo una sentencia por escrito: revalidó el permiso de excavación otorgado a la OAC y confirmó los derechos del constructor. HOC fue reorganizado como Comité del Proyecto de la Calle Prestwich, PPPC (por sus siglas en inglés), para presentar una apelación ante el Ministerio de Arte y Cultura el 12 de enero de 2004. Los documentos de apoyo pedían al ministro expropiar el sitio y "conservar el sitio en la calle Prestwich como patrimonio nacional" y como un sitio de conciencia (PPPC 2003). El PPPC propuso preservar el sitio de la calle Prestwich como un *vrijplaats*,[15] un espacio abierto para la memoria y la identidad.

En ese momento ya se habían exhumado todos los restos humanos que había en el sitio y estaban en depósito temporal en Napier House, un edificio en la cuadra adyacente que iba a ser demolido como parte de la construcción en la calle Prestwich. Durante el proceso de apelación a SAHRA la OAC había solicitado permiso para exhumar los restos humanos que se pensaba estaban bajo la calle West y en la cuadra adyacente a Napier House. Esta excavación debía exhumar otros 800 o 1000 cuerpos. El 21 de abril de 2004 —el Día de la Libertad en Sudáfrica— los restos fueron trasladados, ceremonialmente, desde Napier House hasta la morgue del hospital Woodstock Day, en el otro lado de la ciudad. Algunos de los restos fueron llevados en procesión por el centro de la ciudad en once cajas envueltas en banderas, una para cada uno de los grupos de lenguas oficiales en el país. Los restos fueron bendecidos por líderes religiosos musulmanes, cristianos y judíos en una ceremonia en el sitio antes de la procesión. El 22 de julio el constructor fue informado de que el recurso ante el ministro había sido rechazado y que las actividades de

---

15 El término es de Christian Ernsten, un estudiante de postgrado en el Centro de Estudios Africanos de la Universidad de Ciudad del Cabo que siguió de cerca los acontecimientos. Él escribió: "La palabra holandesa significa algo entre las palabras inglesas shelter ("refugio") y free zone ('zona libre'), un espacio de seguridad y creatividad al mismo tiempo" (Ernsten 2006).

construcción en el sitio podían continuar. Se dijo que Terry Lester, del PPPC, quedó "profundamente entristecido" y que dijo "Estamos haciendo de puta en este caso, inclinándonos ante el dios del desarrollo y vendiendo un segmento de nuestra historia" (Gosling 2004: 1).

Posteriormente el foco de atención se centró en cuestiones de conmemoración y acceso. El 6 de abril de 2005 dos de los estudiantes de postgrado de Morris, Jacqui Friedling y Thabang Manyapelo, hicieron una presentación a una reunión conjunta de SAHRA y el PPPC como parte de una solicitud para llevar a cabo investigaciones anatómicas básicas sobre los restos de la calle Prestwich. Su solicitud fue rechazada, principalmente debido a la negativa del PPPC. Un activista del PPPC lo describió como una "acción de retaguardia": habiendo fracasado en su objetivo inicial de detener las exhumaciones y preservar la integridad de la zona con sus restos ahora su preocupación era proteger los restos contra otros procedimientos invasivos. Esta decisión coincidió con el cambio de liderazgo en SAHRA: Phakamani Buthelezi reemplazó a Pumla Madiba como director. El 17 de septiembre el Comité Ejecutivo de SAHRA resolvió "no aprobar la investigación anatómica básica sobre los restos humanos exhumados del sitio en la calle Prestwich" y extendió esta decisión a una moratoria en la investigación futura (SAHRA 2005). Sin embargo, resolvió "que los restos culturales pueden ser estudiados". En respuesta Friedling señaló: "SAHRA ha negado a todos los sudafricanos el derecho de saber acerca de su patrimonio... La información que podemos obtener de estos huesos hará que estas personas vuelvan a vivir" (Gosling 2005).

Puntos de fractura

Un punto de partida para mi lectura de estos eventos es la noción de que la calle Prestwich constituye un "punto de fractura" (Edwards 2001; Hayes *et al.* 2001) a través del cual se podría vislumbrar la actividad de un rango de fuerzas e intereses en la sociedad postapartheid que no solo tiene que ver con temas de cultura, identidad y memoria sino, también, con temas de ciudadanía, las posibilidades y limitaciones de la política participativa y la forma emergente y la naturaleza de una esfera pública postapartheid. En este sentido en la calle Prestwich había en juego más que la procedencia de los muertos, por importante que esto fuera. A través del desarrollo de los acontecimientos en la calle Prestwich podemos entender la deriva de las prácticas e ideas rectoras contemporáneas. De acuerdo con la lectura que hizo Clingman de Gordimer podría decir que la calle Prestwich escribe "una historia del futuro" y tiene que ver con la ciudadanía y los imaginarios urbanos postapartheid tanto como con los debates sobre la relación entre la arqueología y la sociedad o entre la ética y las prácticas de consulta pública.

En el extremo más afilado del paletín en la calle Prestwich surgieron varias divisiones interesantes. Una ocurrió en las diferentes respuestas institucionales de las dos universidades públicas más estrechamente ligadas a los eventos, la Universidad del Cabo Occidental (UCO), históricamente negra, y Universidad de Ciudad del Cabo (UCT), históricamente blanca. Los académicos de esta última, en general, estuvieron a favor de la exhumación. En los primeros días de trabajo en el sitio la institución defendió la excavación como una oportunidad de investigación. La UCT proporcionó la mayor parte de los especialistas del GER nombrado por SAHRA. Alan Morris fue el académico de la UCT más citado por los medios de comunicación —por ejemplo, en un comunicado de septiembre de 2005 que describió al HOC/PPPC como un "grupo pequeño, muy vociferante y amargo" (Gosling 2005)—. La UCO, por el contrario, fue un apoyo importante para HOC, además de ser la base institucional de la mayoría de los académicos críticos con el manejo del sitio por parte de SAHRA y la OAC. Esto refleja, en parte, diferencias disciplinarias. La respuesta de la UCT fue dirigida por arqueólogos y biólogos humanos. La respuesta de la UCO, que no tiene Departamento de Arqueología, fue liderada por historiadores del Departamento de Historia y del Instituto de Investigaciones Históricas.

Dar sentido a estas diferentes respuestas implicaría un registro cuidadoso de las trayectorias intelectuales de la historia y la arqueología en Sudáfrica, así como de las historias institucionales de la UCT y la UCO: la primera es una institución liberal donde se enseña en inglés y que se siente orgullosa de su historia como una universidad (relativamente) abierta durante el apartheid; la UCO fue el "hogar de la lucha" en el Cabo Occidental en la década de 1980 y ahora está renegociando su identidad como una universidad históricamente negra en los contextos competitivos de la educación superior globalizada. Los acontecimientos en la calle Prestwich dejan abiertas varias preguntas sobre la participación de la UCT, sobre todo en cuanto a la responsabilidad en la relación entre una institución que se presenta como "una universidad africana de clase mundial" y los diferentes públicos a los que sirve y en los que, teóricamente al menos, está incrustada. También hay preguntas más específicas sobre la ética de la investigación y el incumplimiento de protocolos internacionales, como el Acuerdo Vermillion.

También hubo diferencias significativas dentro de las instituciones, con personas claves que jugaron papeles determinantes en las respuestas institucionales en diferentes periodos. Una lectura cuidadosa de las transcripciones muestra hasta qué punto Janette Deacon, una arqueóloga con gran trayectoria y presidenta del comité que debía emitir los permisos pertinentes, y Mary Leslie, la jefa de arqueología en SAHRA, fueron las encargadas de orientar la respuesta institucional de SAHRA en el periodo crucial que condujo a la primera reunión pública. Dos características de esta respuesta son de particular importancia. La primera es la forma como la noción de exhumación total llegó a ser aceptada por SAHRA y GER desde el principio, no como una opción preferida sino como *un hecho* a pesar de que la Ley de Recursos Patrimoniales prevé, expresamente, la posibilidad de que no haya exhumación en el caso de sitios controvertidos. La segunda es lo que se ha denominado *arqueologización* del proceso de investigación en la calle Prestwich, es decir, el grado en que el problema fue enmarcado como de tipo arqueológico con exclusión de otras metodologías y formas de investigación, sobre todo la historia social y la historia oral. Fueron los arqueólogos quienes lideraron la respuesta del GER y quienes se sentaron en la plataforma en la primera reunión pública en capacidad representativa como científicos y poseedores de conocimiento experto. Solo más tarde, cuando ya habían sido exhumados casi todos los restos, surgió la noción de "investigación multidisciplinaria" en la transcripción de SAHRA.

Desde un punto de vista legal se introdujeron decisiones y acciones cuestionables bajo la competencia de SAHRA en el periodo previo a la primera reunión pública. La primera fue la decisión de realizar el proceso de consulta pública junto con la "investigación arqueológica". Normalmente el plazo de notificación de 60 días hubiera precedido cualquier trabajo en el sitio. La segunda es el hecho de que pasaron siete semanas antes de que se realizara la primera reunión pública, cerca del final del periodo de notificación. La tercera decisión cuestionable fue permitir que se exhumaran unos 500 cuerpos mediante un permiso para una "exhumación de rescate" descrita como una "investigación preliminar" diseñada para establecer los parámetros de un proceso de consulta pública (SAHRA 2003e). Un colega de la UCO describió este escenario como una "cosecha masiva" de restos humanos. Puesto que la presencia de restos humanos hubiera inhibido la construcción de viviendas de lujo y puesto que los retrasos en la construcción hubieran afectado la rentabilidad del proyecto el constructor tomó la calle Prestwich como un escenario en el que ganaría o perdería todo, de manera que el resultado final fue la exhumación total y rápida de los cuerpos. En última instancia el aspecto más cuestionable de la respuesta de SAHRA fue la forma como trabajó de cerca con la OAC y el constructor para facilitar este proceso.

Por último, surgieron varias tensiones entre las prioridades patrimoniales nacionales y regionales, instructivas en la medida en que implicaron las cuestiones de raza y clase en juego en los eventos de la calle Prestwich. La apelación del PPPC ante el ministro fracasó, entre otras cosas, porque el asunto fue visto como un problema del Cabo ligado a la política de la identidad de la gente de color. En el contexto sudafricano la noción de gente de color denota una compleja amalgama de identidades criollas o mestizas con los descendientes de los grupos khoisan y los esclavizados importados de las posesiones holandesas en Batavia. La naturaleza criolla de las políticas de la identidad en el Cabo, como la naturaleza híbrida del sitio de la calle Prestwich, con su mezcolanza de pobres urbanos, está en tensión con las prioridades del patrimonio nacional articulado en términos de africanización y con los relatos de las historias culturales africanas (negras) esencializadas. Por eso es relevante que muchos de los arqueólogos, contratistas y estudiantes que trabajaron en el sitio fueran blancos y que muchos de los activistas del HOC fueran de color, así como es relevante que el director ejecutivo de SAHRA y el Ministro de Arte y Cultura en ese momento fueran negros y que el constructor fuera blanco. Sin embargo, en lugar de encontrar en los hechos una sencilla fábula de antagonismo racial puedo decir que representan una convergencia más compleja entre elites nuevas (negras) e históricas (blancas) y la continua marginación de las historias de la clase obrera urbana negra y de color. De manera más general, esos hechos hablan de una concepción del patrimonio en Sudáfrica después del apartheid esencializada en torno a los términos y tropos invertidos del discurso colonial en los que la *negritud* de África sustituye a la blancura de apartheid. Parte del valor de la calle Prestwich —un valor cuya pérdida solo podremos ver, claramente, en los próximos años— fue recordarnos la naturaleza esencial de Ciudad del Cabo como un lugar criollo y cosmopolita, como nodo comercial y como ciudad mundial incipiente en el globalismo colonial. Esta concepción de Ciudad del Cabo fue reemplazada por la concepción del apartheid de *moederstad* (ciudad madre): un poco de Europa en la punta oscura de África. La práctica de los desplazamientos forzados, como los que afectaron a los antiguos residentes negros de Green Point, dio forma a esta concepción.

Una imagen de la ciencia

En la calle Prestwich estaba en juego lo que el historiador de la ciencia Yehuda Elkana (1981) ha llamado una "imagen de la ciencia" en la arqueología. Muchos de los arqueólogos que estuvieron involucrados en los eventos de la calle Prestwich estaban preocupados por defender una idea de la arqueología como ciencia instrumental ocupada de los "hechos en el terreno". Esta noción de la arqueología, generalmente positivista en términos epistemológicos (en vez de constructivista), está alejada de cuestiones más amplias sobre la cultura y la sociedad, salvo en el caso de la arqueología educativa que se presenta como la transmisión de conocimiento arqueológico a un público receptivo ("devolviéndoles su historia"). En esta concepción de la arqueología como ciencia la relación con los factores históricos y contextuales es presentada como la intromisión de la política que compromete la integridad de la interpretación arqueológica, que solo descansa en los datos —que no se entienden como objetos de conocimiento construidos sino como unidades de información duras y descubribles, como los artefactos—. De hecho, la homología entre artefactos descubiertos y unidades de datos es profunda en la arqueología y ayuda a explicar por qué los arqueólogos han estado tan aferrados a un modo de "descubrimiento" del conocimiento como encontrado y no como producido. Por lo tanto, la idea de que la arqueología debe tener lugar a distancia de la sociedad —que debe tratar, en lo posible, de eliminar el ruido de las exigencias patrimoniales, de la política de la identidad y del juego de intereses en la postcolonia— es tanto un punto de partida como un artículo de fe para muchos arqueólogos sudafricanos.

Debo hacer dos observaciones sobre esta imagen de la ciencia en la arqueología. La primera es que, por supuesto, no se limita a la arqueología de Sudáfrica sino que constituye un modo normativo de la arqueología a nivel global. En este sentido los acontecimientos de la calle Prestwich demuestran las consecuencias específicas y locales de una posición teórica más general. La segunda es que en lugar de ser un nuevo desarrollo se trata de una posición con profundas raíces históricas en Sudáfrica. Entender la naturaleza de la respuesta a lo que sucedió en la calle Prestwich, así como entender hasta dónde los arqueólogos se sintieron calumniados e incomprendidos, significa entender algo de esta historia.

Al igual que en muchas partes de África la arqueología de Sudáfrica comenzó como un pasatiempo practicado por administradores coloniales, oficiales militares, misioneros y otros (Robertshaw 1990). En las décadas de 1920 y 1930 se profesionalizó e institucionalizó, en parte gracias a John Goodwin (1900-1959), una figura pionera en el panorama arqueológico local. Hasta finales de la década de 1940 se practicaba como una ciencia colonial bajo el signo del transnacionalismo del Imperio Británico. El inicio del apartheid formal fue experimentado como un revés por la disciplina, en gran medida anglófila, del cual solo se recuperó a finales de la década de 1960. Dos eventos fueron fundamentales para el resurgimiento de la arqueología sudafricana en su forma contemporánea. El primero fue un periodo de rápido crecimiento económico en la década de 1960, lo que animó al Estado modernizador del apartheid a invertir dinero en el desarrollo de sus universidades y museos. El segundo fue la influencia de la Nueva Arqueología norteamericana (Shepherd 2003).

A principios de la década de 1970 la arqueología sudafricana cambió su tradicional lealtad metropolitana a la arqueología británica por su lealtad a la arqueología norteamericana. La Nueva Arqueología resolvió el dilema de una disciplina financiada por el Estado pero dedicada a la escritura de la historia negra bajo el apartheid al insistir en una división radical entre la arqueología y la sociedad. Los arqueólogos sudafricanos, alentados por el positivismo, el tecnicismo y el empirismo de la Nueva Arqueología, pasaron los años cruciales de la represión estatal, de la lucha contra el apartheid y de las represalias y las medidas drásticas inmersos en las minucias del registro arqueológico. También llevó a la ironía de que se explorara y articulara la arqueología de la Edad de Hierro en el mismo periodo en que Steve Biko y sus colegas exponían la doctrina de la Conciencia Negra, con su énfasis en la integridad del pasado precolonial, sin que hubiese ningún intercambio intelectual entre las dos (Hall 1984, 1990). De las décadas de 1970 y 1980 no solo emerge el silencio de la arqueología en cuestiones políticas y sociales sino su resolución por no saber; es decir, la percepción de que los arqueólogos no debían hablar sobre estos asuntos porque podían distraerlos de su trabajo. La naturaleza de este silencio es una cuestión de interpretación. Ha sido caracterizado por sus defensores como esencialmente desinteresado y principalmente teórico y epistemológico y por sus críticos como estratégico, calculado y político pero me parece que fue las dos cosas a la vez: calculado y egoísta pero enraizado en una interpretación sincera de la función y la responsabilidad de la ciencia; bien intencionado, con un ojo estratégico para la supervivencia en condiciones difíciles.

El mayor desarrollo en el periodo postapartheid ha sido la influencia del discurso del manejo de recursos culturales, que se originó a finales de la década de 1980 y cuyo surgimiento es paralelo al periodo de transición política en el país (Deacon 1988; Hall 1989). En este contexto ese discurso ha dado a los arqueólogos, ya recelosos del compromiso social, un vocabulario y un conjunto de prácticas para articular una respuesta a la transformación social y a los imperativos de la sociedad postapartheid. La naturaleza esencial de la disciplina contemporánea está compuesta por el positivismo, el instrumentalismo y el cientificismo de la Nueva Arqueología con una superposición del discurso del manejo de recursos culturales, con sus nociones particulares, y restringidas, sobre el valor y la participación de las partes interesadas.

Este boceto solo ofrece un esquema. Describe la corriente arqueológica principal e ignora proyectos excelentes y excepcionales que desafían este legado de irresponsabilidad. Esa corriente, principal o no, deja varias observaciones para usar en los contextos de la calle Prestwich. La primera es que en las últimas décadas del apartheid la arqueología creció y tuvo un desarrollo sin precedentes y que en los años postapartheid su suerte ha sido más difícil y desigual. La segunda es que desde, por lo menos, el final de la década de 1960 la disciplina ha mantenido intacta la imagen de la ciencia como algo que se lleva a cabo al margen de la sociedad. Más que comentario social o crítica, la actividad esencial de la arqueología es interpretada como la recopilación de información sobre el pasado. La tercera es que la arqueología entra en escena con el peso de su historia, de manera que el ingreso de un paletín en la tierra es un acto sobredeterminado por adelantado. En las áreas que más me preocupan —negociaciones controvertidas alrededor de las nociones de cultura, identidad y memoria en las múltiples esferas públicas que constituyen la sociedad postapartheid— la arqueología es más débil y menos capaz de articular una respuesta.

Lenguajes rivales de interés

Los eventos en la calle Prestwich, más que cualquier otra cosa, fueron una lucha por el lenguaje. Podemos encontrarla a través de un archivo importante y creciente compuesto de registros, actas, informes, transcripciones, opiniones, filmaciones, fotografías, recuerdos e intercambios de correo electrónico.[16] Pienso en los diferentes teatros o esferas de actuación en los cuales sucedieron los acontecimientos: el teatro de la excavación, enmarcado por la cerca de alambre, con su multitud de curiosos; el teatro de la consulta pública,

---

16 Parte del relato de la calle Prestwich es el relato de la dispersión y proliferación de fuentes cuyo estatus es ambiguo porque existen en un dominio semi-público o en un dominio público/privado. Me gustaría dejar constancia de mi aprecio por el papel desempeñado por Antonia Malan y por Andre van der Merwe, el facilitador del proyecto que actuó en nombre del constructor, porque me permitieron acceder a sus archivos personales sobre la calle Prestwich. En cambio SAHRA, una organización responsable ante el público, solo me permitió copiar material de su archivo después de prolongadas negociaciones y después de que yo firmara una declaración diciendo que no usaría el material para "perjurar" de la organización o sus representantes. Confío en haber hecho lo necesario para permitir que las acciones de SAHRA hablen por sí mismas.

con sus ecos más o menos conscientes del proceso puesto en marcha por la Comisión para la Verdad y la Reconciliación; el teatro de las protestas callejeras, con sus ecos más o menos conscientes del movimiento antiapartheid. En una primera etapa emergieron dos discursos distintos y opuestos: el discurso institucional del manejo del patrimonio, a favor de las exhumaciones, y el discurso emergente del patrimonio público basado en una identificación empática con los muertos y con las necesidades de la restitución y reconciliación sociales. Cada uno de ellos dio lugar a lo que he llamado "lenguajes rivales de interés" (Shepherd 2006). Quienes argumentaron a favor de las exhumaciones lo hicieron sobre la base del valor científico de los restos como una fuente para acceder a "historias ocultas". La propuesta distribuida por el GER en la primera reunión pública señaló:

> Estos esqueletos también son —literalmente— nuestra historia, la gente común de Ciudad del Cabo, cuyas vidas no están escritas en los documentos oficiales de la época. No dejaron posesiones o archivos. Si queremos recuperar su historia, una de las maneras más eficaces de hacerlo es a través del estudio de sus esqueletos (Sealy 2003: 1).

El desplazamiento semántico desde "nuestra historia" a "su historia" es instructivo. Los arqueólogos usaron y reciclaron varios tropos en el proceso. En la segunda reunión pública la arqueóloga Belinda Mutti argumentó a favor de la exhumación "para devolver la historia a la gente" (Malan 2003: 12). Liesbet Schiettecatte argumentó que "[dejar sin excavar] los huesos impide que se conozca información. Estudiarlos los trae de vuelta a la vida" (Malan 2003: 13). Maria Patrick estuvo a favor de que "[continuara] la exhumación —de lo contrario solo se estará contando la mitad de la historia" (Malan 2003: 13)—. A nivel público este deseo de 'devolver la historia a la gente' y 'regresar los huesos a la vida' fue mediado por el discurso técnico del manejo de recursos culturales, con sus teatros de "consulta pública" y sus nociones circunscritas de valor, necesidad e interés. El doble sentido dado a las nociones de respeto y dignidad por SAHRA y otros tuvo su contraparte en un lenguaje pragmático centrado en "motivos reales", "decisiones sensibles" y el hecho de que "la vida debe continuar".

En oposición a este discurso HOC enfatizó el lenguaje de la memoria y el recuerdo personal y trató de articular un conjunto alternativo de valores (valores africanos, valores espirituales) y nociones alternativas de espacio y tiempo que incluyeron la noción del sitio como lugar patrimonial o de conciencia y, en una intervención memorable, la noción de "tiempo para los muertos". HOC insistió en recordar el pasado más reciente del apartheid y los traslados forzosos, así como un pasado profundo de esclavitud y colonialismo. De manera más general trató de insertar los eventos en la calle Prestwich en el debate dominante en la sociedad postapartheid en torno a nociones de verdad, reconciliación y restitución. Sobre la base de esto es posible observar convergencias instructivas en los acontecimientos que he descrito. La primera es una convergencia entre las prácticas de los tropos y una concepción positivista de la arqueología como ciencia, lo que resulta en la producción de datos observables e "información". La noción de historia que surge —la historia que va a ser "devuelta a la gente"— es restringida porque se limita, esencialmente, a datos arqueológicos sobre la procedencia de los entierros y las propiedades físicas y químicas y las medidas antropométricas de los huesos.

Una segunda convergencia ocurre entre el discurso del manejo de recursos culturales (MRC) y una estrategia política de contención. En este caso fue instructiva la manera como el lenguaje y las prácticas del MRC desalentaron el surgimiento de nuevas identidades y de recomposiciones de la esfera pública a través de concepciones estrechas de necesidad, interés, valor y mecánica de participación pública. La noción de patrimonio que surge es estrecha y ambivalente, dividida entre la promesa de restitución y reconciliación y el acceso restringido y el control burocratizado. Los huesos humanos como relatos o como libros, cada hueso como parte de la narración; los huesos como piezas de un rompecabezas; los huesos como historia; el trabajo del arqueólogo caracterizado como un proceso de retorno de los huesos a la vida: en términos retóricos esas formulaciones son de interés real. Hablan de una concepción particular del objeto de conocimiento y de una concepción particular de la arqueología como ciencia, incluso si consideramos las ironías implicadas en quitar los huesos a un grupo de personas (los miembros de HOC que hicieron cabildeo contra las exhumaciones) para devolvérselos como "historia".

Lo que más me ha interesado de los eventos de la calle Prestwich, como arqueólogo sudafricano con una posición al respecto diferente de la que tiene la mayoría de mis colegas (ya que me he opuesto a las exhumaciones y he apoyado los argumentos de HOC), ha sido atisbar posibilidades alternativas en el discurso de HOC. La calle Prestwich nos anima a revisitar y reexaminar las prácticas e ideas básicas de la disciplina y a considerar formas alternativas de conocer el pasado arqueológico. Nos invita a repensar las problemáticas del patrimonio y la memoria en la sociedad postapartheid. Plantea la posibilidad de arqueologías alternativas, incluso de epistemologías alternativas. Asociamos la arqueología con una voluntad de saber radical y entrometida, con cada excavación como una mini-representación de la orden ilustrada de conocer, de descubrir a cualquier precio. La calle Prestwich crea un argumento a favor de un tipo alternativo de arqueología: una arqueología del silencio, del secreto, del cierre (en lugar de la revelación). El arqueólogo Keisuke Sato (2006) adaptó un término de Derrida y escribió sobre la *archiviolencia* como la violencia hecha contra los sitios y los restos en el proceso de investigación arqueológica. Esta violencia es física y material pero también es disciplinaria y epistemológica, la violencia de ciertas metodologías y de ciertas formas de conocimiento.

¿Cómo la archiviolencia de la calle Prestwich afectó, diferencialmente, a las comunidades de los vivos y los muertos? ¿En qué medida las mediciones físicas y químicas de los restos humanos y las notas sobre su procedencia constituyen la historia, más específicamente una historia que se "regresa a la gente" como "su historia"? ¿Hay casos en los que la corriente de simpatía entre los vivos y la comunidad imaginada de los muertos podría ser más profunda en ausencia de esa información? ¿Cómo podemos mediar entre las múltiples formas posibles de conocer el pasado en el caso de un sitio como la calle Prestwich más allá de simplemente hacer valer la prioridad de la arqueología como ciencia? Como arqueólogos en la postcolonia, ¿cómo damos cuenta de la historia de la disciplina —sus lagunas y silencios, sus prácticas no examinadas— en la formulación de nuestro enfoque? ¿Entramos en el debate desde la perspectiva de la prioridad de la ciencia positivista, florecida como un estandarte ante nosotros, o, más modestamente, como llegadas tardías en una discusión de toda la sociedad sobre ciencia, ciudadanía y rendición de cuentas? Los acontecimientos en la calle Prestwich plantean una maraña de cuestiones epistemológicas y ontológicas que giran alrededor de preguntas simples: ¿son artefactos los huesos de los muertos de la calle Prestwich?; ¿son ancestros?; ¿bajo qué condiciones podrían ser ambas cosas?

Imaginarios urbanos postapartheid

Y así llegamos a los imaginarios urbanos postapartheid. Tengo sobre la mesa delante de mí un folleto en papel satinado y formato grande, "The Rockwell: vida lujosa en Waterkant", producido por Propiedades Dogon Gavrill, los agentes inmobiliarios responsables de vender el proyecto en la calle Prestwich (Dogon y Gavrill 2005). The Rockwell, que fue construido en el sitio de la calle Prestwich, se compone de 103 apartamentos "de estilo Nueva York", además de parqueaderos, un gimnasio privado, un restaurante, un delicatessen y una piscina. El punto histórico de referencia del proyecto es la Era del Jazz de principios del siglo XX en Nueva York. Según el folleto:

> The Rockwell, inspirado por los edificios de la década de 1900 del centro de Manhattan, muestra una riqueza inherente y calidez. Se ha diseñado

para tener un sentido de la Nueva York industrial de lujo (sic). Roca cruda con textura, ladrillo y yeso aparecen contra el vidrio liso y el acero templado.

Esto es así porque:

> A comienzos del siglo pasado se diseñaba de manera correcta. No sólo porque era clásico en forma y función. No sólo porque fue el nacimiento de una nueva era y una explosión de ideas frescas. Sino porque lo hicieron con alma.

Hacerlo "con alma" (soul) se vuelve un estribillo y el resto del folleto hace referencia a 'Rock & Soul', "Pure Soul", "Rich Soul", 'Style & Soul', 'Rhythm & Soul' y (obscuramente) 'Deli & Soul'. El folleto continúa: "Fue el comienzo de una nueva era. Un tiempo de industria. Fue la revolución industrial (sic). Y con esta era llegó la música, la libertad de espíritu y el romanticismo. The Rockwell fue concebido en este espíritu". Como síntesis declara en negrilla: "La ejecución del trabajo debe tener carácter. El diseño debe tener corazón. The Rockwell lo tiene todo". El folleto está ricamente ilustrado con fotografías, que se dividen en dos tipos. Las primeras son imágenes de interiores despoblados y limpios. Ropa de cama y madera clara, sin el polvo (por así decirlo) de la historia, de asociaciones no deseadas y de la mancha de la tierra situada abajo (*Figura 11*). La otra categoría de imágenes ilustra la noción de "vida lujosa en Waterkant": caviar montado en una cuña de pan tostado, un plato de higos maduros, rondas de sushi en un plato, café que sale de un grifo, una mujer reclinada mirando desde un tocador rosado brillante (*Figura 12*).

Este tipo de cosas es frecuente en las campañas de promoción: el lenguaje exagerado, el bombo y el alarde. Al mismo tiempo es profundamente discordante, no tanto pastiche postmoderno como aniquilación cínica de la historia. La fuerza de la noción "desplazamiento forzado" —una frase utilizada por el HOC para describir la exhumación y el traslado de los muertos de la calle Prestwich— da en el clavo. Es como si

Arqueología soñando

Figura 11. The Rockwell: "Sin el polvo de la historia y de la mancha de la tierra situada abajo".

la historia, la memoria, cada asociación arraigada entre un grupo de personas y un sitio en el paisaje son evacuadas, arrancadas de sus raíces, para ser reemplazadas por un capricho de redactores. En la calle Prestwich se crean nuevos imaginarios urbanos postapartheid en los que la historia es imaginada por los vencedores y los beneficiarios y en los que las víctimas no tienen lugar fuera de las fronteras de los parques conmemorativos y de los recintos patrimoniales.

Figura 12. The Rockwell: "Una mujer reclinada mirando desde un tocador rosado brillante".

Es también, profundamente, un sitio de globalización. Ya es un lugar común decir que el periodo de transición política en Sudáfrica coincidió con los efectos concertados de la globalización. En la calle Prestwich (parte experimento social, parte valle de lágrimas), como en el Waterfront adyacente, se crean nuevos imaginarios urbanos globales en los que los lugares son despojados de historias específicas e identificaciones locales y reempacados y remarcados para satisfacer los gustos de una élite generalizada, imaginados en términos de los marcadores de estilo cosmopolita: sushi, espresso y vida 'al estilo de Nueva York'.

Esto no es un fenómeno nuevo o inusual en la sociedad postapartheid. Martin Hall y Pia Bombardella (2005) han escrito sobre los efectos de la "economía de la experiencia" en sitios como GrandWest Casino, Gold Reef City y Montecasino (un casino y complejo de entretenimiento con temática de Toscana). Leslie Witz (2006) ha rastreado los orígenes y el desarrollo del circuito turístico de los *townships* de Ciudad del Cabo. Los estudios pioneros de Nigel Wordens (1996, 1997) sobre el barrio "Victoria and Albert Waterfront" en Ciudad del Cabo examinan cómo se construyó e impugnó el patrimonio en un destino turístico de talla mundial (Worden 1996, 1997). Lo que hace a la calle Prestwich diferente es la inminencia de la materialidad del pasado y la distancia trágica/irónica entre el osario y el café Deli & Soul de The Rockwell. Lo que lo hace diferente, también, es la identificación apasionada de los descendientes vivos y herederos de HOC, así como la presencia sentida de los muertos de la calle Prestwich, asustadores e implacables como siempre parecen los muertos, especialmente en su reaparición, pero también curiosamente vulnerables en sus cajas de cartón.

En la postcolonia

En muchos sentidos la calle Prestwich fue un fenómeno muy raro para los gestores y practicantes del patrimonio: una identificación espontánea, muy sentida y comunitaria con un sitio y sus historias que debe ser entendida en el contexto de otros movimientos sociales populares o de base en la sociedad posterior al apartheid. La Fundación del Distrito Seis, que impulsó la creación de un museo comunitario de historia social que trabaja con "las experiencias del desplazamiento forzado y con la memoria y la expresión cultural como recursos para la solidaridad y la restitución" (Rassool 2006: 1) es un ejemplo significativo. Otra es la Treatment Action Campaign, una organización pública de información y defensa que desafió la negación del régimen de Mbeki en torno al VIH/SIDA y las campañas para el tratamiento antirretroviral asequible (TAC 2006). Estas diversas organizaciones tienen un interés común en impugnar la naturaleza y el alcance de la ciudadanía en el Estado postapartheid, en explorar las posibilidades de la política participativa y en poner a prueba los derechos otorgados por la nueva constitución. En otras palabras, quieren dar forma y sustancia a una esfera pública postapartheid. Que los gestores del patrimonio y los arqueólogos se mostraran tan reacios a reconocer el contexto más amplio de los acontecimientos de la calle Prestwich; que optaran, tan consistentemente, por una interpretación estrecha de los derechos, los intereses y la responsabilidad donde había espacio para una respuesta más visionaria, representa una falla significativa y coloca en un registro menor las discusiones posteriores sobre "memorialización" e "investigación multidisciplinaria".

En un sentido inmediato hubo varias cosas en juego en la calle Prestwich; la menor de ellas no fue la naturaleza de la arqueología como disciplina en la postcolonia. La excavación de los muertos enterrados siempre se experimenta como un momento traumático, como una erupción del pasado en la trama del presente en su aspecto más literal e ineludible. Pero también es un momento que nos lleva a nuestro ser más profundo y, socialmente hablando, nos confronta con energías profundas. En un contexto social de transición (¿qué sociedad no está en transición?) estas son algunas de las energías que nos transforman y a la sociedad de la que formamos parte y eso nos ayuda en nuestra tarea de llegar a ser. Tal vez, después de todo, la calle Prestwich describe lo que el historiador Premesh Lalu ha llamado una "historia del presente". Con esto quiere decir que la condición de la postcolonialidad requiere una forma de historia que constantemente interrumpa y perturbe el presente, especialmente las "narrativas de la nación" (Lalu y Harris 1996). Arremolinadas, heterodoxas, disputadas: las energías de los muertos de la calle Prestwich siguen estando entre nosotros. La tarea de los vivos es descubrir cómo podemos aprovechar estas energías para generar un mejor entendimiento del lugar en el que nos encontramos, como conciudadanos que están en lados opuestos de una historia dividida.

La calle Prestwich fue un momento significativo para la disciplina, un lugar incómodo para estar, porque fue desplegado en términos de nociones de comunidad imaginada, de los legados sin corresponder de la esclavitud y los desplazamientos forzosos y de la relación entre las historias arraigadas y los simulacros como The Rockwell. Implicó nociones encontradas sobre la ciencia y un conjunto impugnado de historias disciplinarias e institucionales. También fue —sobre todo— un relato sobre el control del Estado, ejercido a través de la captura y la institucionalización de los muertos y sus posesiones, la burocratización de los anhelos privados y la creación de regímenes particulares de cuidado y de lenguajes de preocupación. Los intereses disciplinarios de la arqueología y el funcionamiento del Estado convergen en ese medio principal de control: el mapa, el plano, la cuadrícula. Finalmente, las líneas en la cuadrícula son las que determinan el destino diferencial de los objetos y los consignan a regímenes particulares de cuidado. Una imagen final como despedida de la calle Prestwich: los muertos de Green Point se extienden mucho más allá de la cuadra de la ciudad que constituye el sitio de la calle Prestwich. Aún más, el entierro de los muertos no respeta las líneas de un mapa, de manera que los cuerpos están en ambos lados de las fronteras conceptuales que constituyen las cuadras de las ciudades, las parcelas de tierras privadas y los bordes de las calles. Ese es, en efecto, el destino de un puñado de muertos de la calle Prestwich. Uno mira de cerca los lados de la excavación para ver los signos del truncamiento: un torso que se extiende bajo la calzada, las piernas que han sido exhumadas y forman parte de la colección arqueológica. Recuerdo una frase: "Recordar es desmembrar".

¿Qué pasa con el WAC? Arqueología y compromiso en un mundo globalizado

Escrito en co-autoría con Alejandro Haber

El baile del granero

Hay una fotografía que sirve como una llave para entrar a este texto. Muestra a Jo Mangi, el delegado con rastas de Papúa Nueva Guinea, sosteniendo la mano de Peter Ucko mientras tratan de bailar la danza del granero. La fotografía fue tomada en una velada de 'música, teatro y baile de todo el mundo' realizada en la Casa del Ayuntamiento de Southampton en septiembre de 1986 como parte de los acontecimientos alrededor del WAC1, el primer Congreso Arqueológico Mundial. Ambos están sonriendo, Ucko algo cohibido, mientras comparten la diversión en una dudosa colaboración en un dudoso escenario. Como imagen, captura algo de la naturaleza del WAC en su fundación, una atractiva mezcla de diversión, nerviosismo, iconoclasia y compromiso. Alrededor de una década después algo de este impulso fundador fue lo que nos atrajo a nosotros al Congreso Arqueológico Mundial. De distintas maneras, nos involucramos bastante en el trabajo de la organización: como miembro del Comité Ejecutivo (Shepherd, de 2003 a 2008) y del Consejo (Shepherd, de 2003 a 2011), como editores de la revistas del WAC *Archaeologies* (Shepherd, desde 2003 hasta 2013) y de la revista afiliada al WAC *Arqueología Suramericana* (Haber, desde 2003 hasta hoy) y como miembros de varios subcomités y grupos de trabajo.

Comenzamos con altas expectativas respecto a la organización y a nosotros. Tomaríamos el espíritu de la dudosa danza del granero y lo traduciríamos en los términos de nuestros tiempos y lugares. El WAC significa distintas cosas para distinta gente. Para los arqueólogos del sur global mantiene una especial importancia dado que ofrece (o debería hacerlo) formas de tendido de redes profesionales por fuera de las líneas hegemónicas de nuestra conexión disciplinaria. Para cada uno de nosotros había una lógica adicional a nuestro entusiasmo que venía de nuestros respectivos contextos de trabajo: la Sudáfrica postapartheid y la Argentina postdictadura. En el aire no había ni gas lacrimógeno ni balas sino libertad. Había una nueva apertura al mundo luego del aislamiento y el temor del pasado y el WAC aparecía como un foro lógico en el cual explorar esa apertura en un ambiente disciplinario. Entonces, ¿qué salió mal? ¿Por qué nuestra participación en el WAC ha sido una experiencia tan decepcionante, incluso una desilusión? ¿Por qué nos encontramos dando un paso atrás de nuestros compromisos? ¿Por qué tenemos que explicar y calificar nuestra participación en la organización a los amigos y colegas? ¿Qué pasa con el WAC? ¿Qué podemos hacer acerca de ello?

Este es un artículo acerca de la brecha entre un conjunto de expectativas —la alegría de la danza— y la decepcionante realidad de la participación en la organización. Es un intento serio de rastrear los significados y contextos cambiantes del Congreso Arqueológico Mundial. Aún más, es un intento de iniciar un debate en un contexto en el cual ha estado ausente. Varios intentos para realizar internamente esta discusión han sido clausurados. Una de las características del WAC en los años recientes ha sido un tipo de anti-intelectualismo en el cual el disenso es interpretado como deslealtad. Llegamos al WAC para plantear nuestras preguntas difíciles. ¿Dónde más podríamos haberlas llevado? El curso obvio de acción podría haber sido retirarse silenciosamente, como lo han hecho otros, pero una suerte de tozudez nos mantiene en juego. Este artículo es un intento de registrar una serie de posiciones y, a la vez, una invitación a comenzar un intercambio con el convencimiento de que es mediante la discusión, el debate y el disenso que mejor tratamos el complejo problema del WAC y de sus futuros posibles.

Libertad académica y apartheid

Un punto de partida para nuestra comprensión del WAC es el reconocimiento del radicalismo de su programa en el contexto de su fundación a mediados de la década de 1980. La historia de la formación del WAC ha sido bien tratada. En 1985 Ucko y sus colaboradores, quienes eran parte de un comité organizador local de un encuentro de la Unión Internacional de Ciencias Prehistóricas y Protohistóricas (UISPP, por sus siglas en francés), retiraron la invitación a los científicos sudafricanos y namibios, alineados con las convocatorias a sancionar el apartheid (Ucko 1987). Cuando el comité central de la UISPP dejó de apoyarlos se separaron de ese cuerpo para formar el Congreso Arqueológico Mundial (WAC). El WAC sostuvo su primera reunión en Southampton en 1986. Aún cuando lo que estaba en juego era una respuesta disciplinaria al apartheid la fundación del WAC fue una oportunidad para establecer una organización profesional muy diferente. La constitución del WAC contempló lo que denominó representación indígena en todos los niveles de la organización. Por ejemplo, adoptó un código de ética que otorgó derechos específicos a los grupos indígenas y a las comunidades descendientes en relación con el proceso arqueológico. En términos generales, fueron tres los elementos del programa del WAC: primero, un compromiso con la política de la *vocalidad* y la representación; segundo, un énfasis en la inclusión y el multiculturalismo; tercero, un interés en cuestiones de práctica ética y correcta. Este interés con la inclusión y el multiculturalismo se extendió a los colegas del sur global o lo que el WAC llama "países económicamente desaventajados".

Una característica del programa del WAC fue la manera como trascendió al tiempo que recapituló lo que podría llamarse una concepción moderna/colonial del conocimiento. Por ejemplo, permaneció atado a nociones de conocimiento experto y autoridad disciplinaria, incluso intentando abrir la disciplina a un conjunto más amplio de responsabilidades. Esta mezcla de trascendencia y recapitulación fue más claramente visible en las nociones de lo indígena, concebido dentro del WAC como poblaciones arraigadas, integradas, atadas a formas de vida y conocimiento que existen como el otro irreducible respecto del conocimiento arqueológico. Dentro del WAC lo indígena fue valorizado como un signo de la conciencia y la práctica subalternas y devino central en su práctica y su pensamiento como un obstáculo a las concepciones hegemónicas de la disciplina. Al mismo tiempo, nunca se hicieron claros los términos de inclusión de los representantes indígenas. ¿Estaban completamente presentes como productores de conocimiento por derecho propio? ¿O acaso su presencia era calificada, supervisada y revocada, por decirlo así, por el signo de lo indígena?

Pero estas críticas yacen en el futuro. La manera como el WAC anticipó la fase actual de globalización, acelerada desde inicios de la década de 1990, y el crecimiento de los movimientos sociales integró su radicalismo en el contexto de mediados de la década de 1980. También anticipó el giro multicultural, una palabra clave de la década siguiente. Dentro de la disciplina anticipó y catalizó un conjunto de discusiones alrededor de los términos del compromiso arqueológico, que desde entonces han hallado expresión en la legislación y en los códigos de ética de numerosos cuerpos profesionales. Más generalmente, anticipó el crecimiento de los estudios postcoloniales y el giro postcolonial en la academia. En parte ello fue una respuesta a la teoría y sus desarrollos en Gran Bretaña. En 1982 las primeras críticas postprocesuales abrieron un espacio para desafiar el cientificismo y el positivismo de la arqueología dominante. En el mismo año la Guerra de las Malvinas, una serie de acontecimientos desarrollados en el crepúsculo de la nostalgia imperial, trajo de vuelta la actualidad del (neo)colonialismo al público británico tanto como al argentino. Posteriormente los organizadores de Southampton prestarían especial atención al auspicio de delegados argentinos, una pequeña pero placentera simetría que se debe señalar a la par de la desinvitación de los sudafricanos.

Una medida del radicalismo de los acontecimientos que rodearon al WAC1 fue su impopularidad en la disciplina. Aunque hubo una cantidad significativa de participantes el WAC permaneció como un desarrollo estrictamente marginal. La reacción del notorio arqueólogo y paleontólogo sudafricano Philip Tobias no fue atípica de la disciplina en su conjunto. Tobias volvió a Sudáfrica de un encuentro del Comité Permanente de la UISPP con la noticia de que los sudafricanos serían incluidos en el XI Congreso de la UISPP a realizarse en Frankfurt en 1987 (Deacon 1986). Ello fue aclamado, sin ironías, como una victoria de la "libertad académica" en un contexto en el cual estaba vigente el estado de ley marcial y en el cual los activistas políticos estaban muertos, exiliados, encarcelados o escondidos.

La arqueología postcolonial postmoderna

Esto en cuanto al WAC en el contexto de su fundación. Un segundo punto esencial para registrar en relación a la organización es que este programa permaneció, en gran medida, sin cambios a través de los siguientes veinticinco años de actividades y encuentros. Ha habido algunas adiciones —nuevos acuerdos, nuevas iniciativas de financiación, algunos retoques a la constitución— pero el núcleo del programa (su sentido de misión, sus definiciones clave, los términos con los cuales comprende la relación entre la arqueología y la sociedad) ha permanecido, básicamente, tal como fue enunciado en su primera formulación. A lo largo de los años han ocurrido algunas intervenciones notorias (Hall 2002; Kitchen 1998) que incluyen artículos solicitados para la revista *Archaeologies* bajo el título "WAC: veinte años después". No obstante, estas críticas y sugerencias han penetrado escasamente, si es que lo han hecho, al nivel de la política. El principal cambio se ha producido en los años siguientes al WAC5 (Washington DC, 2003), cuando se derrumbó un elemento central del programa del WAC. Al mismo tiempo, se modificaron principios organizativos fundamentales al servicio de una interpretación particular de su objetivo y su misión. Esto sucedió de maneras, en general, no debatidas como resultado de una posición particular de parte del liderazgo de la organización, sobre todo de su presidenta, Claire Smith. En nuestra experiencia una suerte de pragmatismo atrapó a la organización en los años siguientes al WAC5. Teníamos que seguir con la tarea, incluso si no estaba del todo claro cuál era: ¿por qué, para quién y en qué términos?

Un obvio tercer punto es que el mundo de 2011 es un lugar muy diferente del de mediados de la década de 1980. Podría decirse que es tanto más complejo como más abruptamente dividido. A primera vista esto parece sorprendente. ¿Estamos seguros de que es un lugar definitivamente mejor un mundo liberado de la Guerra Fría, el apartheid, la dictadura argentina y los siniestros efectos de Thatcher/Reagan? Y, sin embargo, mucho de lo que podría describirse como el mundo postcolonial postmoderno ha sido marcado por la ironía, la paradoja y la desilusión (el irónico retorno de las pandemias mortíferas, el paradójico aumento de los nacionalismos étnicos y el genocidio, la desilusión con una generación de líderes postcoloniales atrapada por los intereses del capital global y las elites locales). Las dicotomías simples y tranquilizadoras (y ficticias) de la Guerra Fría han dado lugar a una conceptualización mucho más compleja de la relación entre el poder, el conocimiento, el capital, el rol del Estado y los intereses de las elites locales y transnacionales.

Resulta importante para nuestro argumento que comencemos a enumerar y conceptualizar estas transformaciones. Una lista semejante debería incluir el fin de la Guerra Fría y los efectos acelerados de la actual fase de globalización. Anotaría el rol generador de las corporaciones transnacionales y la acelerada fluidez y crisis del capital. Un efecto de estos desarrollos ha sido la creciente polarización de las distribuciones del ingreso (tanto nacional como internacionalmente) y el aumento espectacular tanto de la riqueza como de la pobreza. Siguiendo la obra de Manuel Castells (1996, 1997, 1998) advertiríamos el surgimiento de la sociedad de la información y el paradójico advenimiento de "agujeros negros" informativos. De distintas maneras Stuart Hall (Hall y du Gay, eds., 1996; Hall *et al.*

1992), Arjun Appadurai (1996) y Homi Bhabha (1994) han comentado los efectos culturales de la globalización: migración, hibridez, homogeneización cultural y surgimiento de paisajes mediáticos e imaginarios. Las dos últimas décadas han visto rápidos cambios geográficos en la producción y procesos simultáneos de desindustrialización (en centros históricamente manufactureros) e industrialización (en economías emergentes en China, Brasil, India y otros lugares). La última década ha estado marcada por el reconocimiento de la crisis ambiental global y el advenimiento de imaginarios verdes en la vida pública y la cultura popular (Giddens 2009). Hablando políticamente, este periodo ha visto la mayor erosión del poder del Estado, la mayor consolidación y la influencia de las corporaciones transnacionales y el capital globalizado y el surgimiento de la política de la identidad con base étnica (Castells 2010; Comaroff y Comaroff 2009). También ha visto un conjunto abrupto de diferencias políticas y económicas interestatales y el surgimiento de nuevas formas imperiales, así como de nuevas prácticas y movimientos sociales resistentes (Escobar 2008; Hardt y Negri 2000, 2004, 2009).

Este es un esquema incompleto de un terreno demasiado amplio. El punto es que esta lista comienza a delinear un tipo de mundo muy diferente a aquel vislumbrado por los fundadores del WAC. Dentro de este terreno delineado ampliamente —el mundo postcolonial postmoderno— se ha transformado el lugar de la arqueología y el patrimonio cultural. Los desarrollos a este respecto incluyen el crecimiento del turismo patrimonial, los parques arqueológicos temáticos y la economía de la experiencia (Hall y Bombardella 2005). También incluyen la acelerada mercantilización del conocimiento, la influencia del *gerencialismo* en universidades y museos y el advenimiento de la universidad corporativa. Tal vez la trasformación más significativa desde la fundación del WAC ha sido el rápido crecimiento global de la gestión de recursos culturales y la participación directa de crecientes cantidades de arqueólogos en proyectos de desarrollo, incluyendo proyectos de construcción, de desarrollo de infraestructura e industrias mineras y extractivas. El periodo posterior a 1990 ha estado marcado por conflictos militares/

políticos y formas de guerra transnacional en territorios ricos en recursos arqueológicos, en los cuales los arqueólogos están directamente involucrados con las fuerzas de ocupación, más raramente con las poblaciones ocupadas (Hamilakis 2003).

En términos generales las últimas dos décadas han visto una acelerada conectividad global, la extensión de redes y contactos a todos los niveles, incluyendo aquellos entre investigadores y profesionales y entre profesionales y localizaciones de campo. La mirada global, conducida por el capital en su incesante búsqueda de recursos inexplorados y nuevas oportunidades de inversión, ahora penetra territorios, formas de vida y cuerpos de cultura material, conocimiento y memoria más lejanos (Escobar 2008). Como respuesta parcial a estos desarrollos el mismo periodo ha visto el crecimiento del movimiento indígena y, de manera más general, de los movimientos sociales que se organizan y movilizan alrededor de sitios arqueológicos y del patrimonio cultural como una vía para proteger el territorio y obtener acceso a recursos, derechos, representación y restitución (Haber 2009a; Shepherd 2010). A menudo toman la forma de movimientos sociales subalternos que luchan (variadamente) contra el Estado postcolonial, las corporaciones transnacionales, las elites locales, las agencias internacionales y, ocasionalmente, los gestores patrimoniales y arqueólogos profesionales. Dentro de un marco primordialista incluyen formas contemporáneas de etnogénesis y de (re)invención de la tradición. Al mismo tiempo forman parte de un fenómeno más amplio postcolonial postmoderno que Jean y John Comaroff (2009) han llamado "la política de la ID-ología", es decir, formas de política de la identidad usadas como recurso para enmarcar demandas contemporáneas de ciudadanía y derechos. Los ejemplos de estas luchas son tan variados como la etnogénesis contemporánea san/bosquimana en África meridional, los activistas de los movimientos maya enfrentados al desarrollo en la ciudad de Guatemala, la discutida exhumación y reentierro de restos del Cementerio Africano en Nueva York y la resistida exhumación de un sitio de entierro colonial temprano en Ciudad del Cabo postapartheid (Shepherd 2006, 2008).

Estos son algunos de los contextos de la práctica arqueológica contemporánea y forman una lista formidablemente compleja y distinta respecto del mundo vislumbrado por el WAC1 con su política basada en la vocalidad, el multiculturalismo y la inclusión. Como conjunto temporal de observaciones advertimos lo siguiente. Primero, los arqueólogos están crecientemente situados en el abrupto borde de una serie de luchas alrededor del patrimonio cultural, los yacimientos arqueológicos y los restos humanos cuya inscripción más profunda incluye luchas alrededor del territorio, la ciudadanía y los derechos. Estas luchas incluyen complejos juegos de etnogénesis e invención de tradición y son una característica del presente. Una característica definitoria de esas luchas es su orientación hacia atrás y hacia delante: situadas en el presente, se elaboran a partir de materiales del pasado para discutir posibles futuros. Segundo, los arqueólogos se encuentran diversamente situados en relación con esas luchas, dependiendo de si se identifican con los intereses del capital, del Estado postcolonial y de la elites locales o con los intereses de los movimientos sociales subalternos, las formaciones resistentes o las llamadas *altermodernidades* (Hardt y Negri 2009). Tales identificaciones tienen poco o nada que ver con las diferencias nacionales (como en la visión del WAC de una arqueología mundial compuesta de muchas naciones) y no están cubiertas por cuestiones de normas, ética profesional o práctica correcta. En cambio, son de naturaleza política, económica e ideológica y requieren un posicionamiento complejo de parte de los arqueólogos porque dan sentido a su práctica en el contexto de su tiempo y lugar. Tercero, esas identificaciones cuestionan una posición en la cual la intervención arqueológica es siempre, o necesariamente, algo bueno (como en la concepción moderna/colonial del conocimiento). Muchas luchas están orientadas a aminorar o suspender la mirada arqueológica: lo que quieren no es más arqueología sino menos o, al menos, un tipo diferente de arqueología. Permanece la pregunta respecto a cómo se ha situado el WAC con relación a estos variados contextos y cómo se ve desde la perspectiva del momento contemporáneo un programa, entonces radical, articulado a mediados de la década de 1980.

Un salón lleno de abogados

Entonces, ¿cómo ha navegado el WAC por el mundo postcolonial postmoderno? Nuestra participación más cercana en la organización fue en los años siguientes al WAC5 en Washington DC (2003) y ese es el periodo que forma la base de los comentarios que siguen. Pero, antes, una proposición: en ausencia de debates y movimientos informados, abiertos y críticos incluso un programa aparentemente radical como el del WAC resulta funcional a los nuevos intereses y poderes dominantes. Un refinamiento de esta proposición podría ser que en ausencia de debates y movimientos informados, abiertos y críticos un programa como el del WAC cae preso de los discursos prevalecientes y las ideas recibidas y que esos discursos e ideas son funcionales a los nuevos intereses y poderes dominantes.

Los miembros del Comité Ejecutivo del WAC se comunican a través de una lista de correo cerrada. En el periodo siguiente al WAC5 dos asuntos dominaron esos intercambios. El primero fue la cuestión de una sede para el WAC6. Luego del WAC5 había una fuerte sensación de que el país anfitrión debía ser del sur global. En ese momento dos países estaban en carrera: Colombia y Jamaica. Una minoría del Comité Ejecutivo favorecía la oferta colombiana pero fue rechazada al inicio del proceso por temores respecto de la seguridad. Un argumento constante en el Comité Ejecutivo fue un informe del Departamento de Estado de los Estados Unidos advirtiendo que no se debía viajar a Colombia. Jamaica inició los preparativos pero éstos se descarrilaron luego de que el comité organizador local se peleara con la cúpula del ejecutivo del WAC. Los detalles de esta pelea son turbios, incluso para quienes tratamos de seguir el hilo de los acontecimientos. Se nos dijo que los organizadores locales carecían de la capacidad para albergar un congreso a gran escala. Fue un alivio para el Comité Ejecutivo cuando, en último momento, Irlanda se presentó con una oferta. Se nos dijo que la localización del congreso era conveniente para viajar desde Europa y Norteamérica y que una fuerte base de suscriptores permitiría un importante financiamiento para participantes de países económicamente desaventajados. Estaba claro que para el país anfitrión los congresos del WAC habían devenido un gigante, financieramente riesgoso y de beneficio incierto, pero no era claro qué esperaba obtener WAC de su participación en cada una de estas localidades anfitrionas, fuera de la convencional experiencia de los congresos. La oferta jamaiquina se enmarcaba en términos de un discurso turístico de sol, arena y cricket en lugar de asuntos y debates locales. Ello sucedía a pesar de la obvia significación del bicentenario de la abolición del comercio de esclavos en el Atlántico. El mismo año del programado congreso del WAC la Universidad de las Indias Occidentales en Mona, Jamaica, albergó un importante simposio sobre cuestiones de esclavitud y libertad.

El asunto más significativo en este periodo, y un momento definitorio en nuestra relación con el WAC, fue su intento de asociación con la multinacional minera Rio Tinto. A fines de 2007 se nos dijo que había financiamiento para un encuentro del Comité Ejecutivo en Melbourne, Australia, que fue precedido de un corto simposio (sobre "Globalización ética") y de un conjunto de encuentros con Rio Tinto (Rio Tinto 2007f).[17] La cúpula del WAC nos dijo que era inminente una financiación significativa por parte de Rio Tinto pero no se nos dio detalle alguno acerca de lo que ello involucraba. Arribamos al encuentro con Rio Tinto para ser confrontados por un salón lleno de abogados y una presentación corporativa superficialmente atractiva. Una confusión en nuestro hotel dejó claro que ninguno de nosotros conocía la documentación. Hubo desorden mientras tratamos de asimilar lo que se nos estaba proponiendo. Rio Tinto trabaja a través de lo que llama "intermediarios confiables" con la sociedad civil (Rio Tinto 2005, 2007a, 2007b, 2007c, 2007d,

---

17 De acuerdo con un documento promocional "Rio Tinto es un líder en la exploración, extracción y procesamiento de recursos minerales de la Tierra... Las actividades del grupo abarcan todo el mundo pero están centradas en Australia y América del Norte con negocios significativos en Suramérica, Asia, Europa y el sur de África" (Rio Tinto 2005).

2007e).¹⁸ Normalmente se había involucrado en cuestiones de ambiente o educación pero, cada vez más frecuentemente, Rio Tinto tiene que acceder a recursos minerales en territorios bajo control indígena o donde hay claros intereses patrimoniales. Se les estaba pidiendo a los miembros y funcionarios del WAC que actuaran como intermediarios para facilitar la relación entre Rio Tinto y esos grupos e intereses locales. Rio Tinto no tiene redes locales creíbles en muchas partes del mundo. El WAC pondría sus redes a disposición de Rio Tinto junto con el capital simbólico de su historia y su reputación en la defensa de las causas indígenas. A su vez, Rio Tinto proveería una cantidad de financiación, incluyendo fondos para un secretariado de tiempo completo para el WAC. El WAC resultaría una organización arqueológica/científica cuyos funcionarios asalariados serían pagados por Rio Tinto y cuyos miembros estarían a disposición para facilitar a la compañía minera su relación con intereses locales y gestores patrimoniales.

Estaba claro que se habían mantenido reuniones preliminares entre funcionarios de la cúpula del WAC y representantes de Rio Tinto y que esos funcionarios estaban fuertemente a favor del conjunto de acuerdos.¹⁹ La cúpula del WAC nos dijo que la minería era un "hecho de la vida" y una "realidad" de la práctica arqueológica. En lugar de retroceder ante esta realidad debíamos "involucrarnos", en primera instancia a

---

18   Las ONGs socias son seleccionadas con base en su "capacidad de actuar como intermediarias confiables entre Rio Tinto y las organizaciones o comunidades relevantes" (Rio Tinto 2007f).

19   "En las discusiones iniciales con miembros del Ejecutivo de WAC dijeron que su interés en comprometerse con Rio Tinto estaba basado en nuestra trayectoria en mejorar los resultados de gestión del patrimonio cultural para las comunidades pertinentes en Australia y su interés en ayudar a la compañía a hacer lo mismo en otras partes del mundo... A través de un proceso de consulta interna se han identificado los países y/o regiones donde las amenazas al patrimonio y las oportunidades por parte de Rio Tinto son más altas y donde una relación con el WAC podría aportar mayor valor... (diversas regiones) han sido identificadas como áreas de actividad de Rio Tinto en las que las asociaciones patrimoniales podrían ofrecer importantes beneficios a los negocios y a la gestión patrimonial" (Rio Tinto 2007f).

través de una asociación con Rio Tinto. La financiación de Rio Tinto "profesionalizaría" al WAC y lo haría "sostenible". Nuestra impresión fue que desde la perspectiva de la cúpula del WAC esto era un hecho consumado. Fuimos reclutados como un gran grupo, con un mandato para tomar grandes decisiones. Solo teníamos que asentir para que las riquezas se derramaran sobre la organización.

Imagínese la escena: el aula de seminario con sus gradas y filas de asientos, los abogados y profesionales de relaciones comunitarias de Rio Tinto a un lado; al otro lado los miembros del WAC, menos una delegación que un grupo de individuos con poco que nos guiara como política organizativa o posiciones desarrolladas. Habría sido un momento decisivo para el WAC y tal vez lo fue. Unos pocos en el grupo del WAC hablamos contra la asociación propuesta. Asociarse a Rio Tinto, que la compañía minera financiara aspectos nucleares de nuestra operación, haría imposible el tipo de "compromisos" ecuánimes aludidos. ¿Qué credibilidad tendríamos en disputas acerca de la arqueología y el patrimonio cultural con mineras rivales? Algunos de nosotros participamos de actividades antimineras con comunidades locales. Una asociación con Rio Tinto haría insostenible nuestra posición. Se nos estaba pidiendo que sacrificáramos nuestra independencia organizativa a cambio de un financiamiento oportuno. Tampoco Rio Tinto era tan solo un financista potencial. Su historia con relación a los derechos indígenas y el ambiente ha sido tema considerable de comentario crítico, litigio y protesta (Anónimo 2007; Moody 1992; Perlez y Bonner 2005; West 1972).[20]

---

20 Según una rueda de prensa dada por *Friends of the Earth International* (una ONG descrita por SourceWatch como "la mayor red medioambiental de base del mundo") el 7 de abril de 2004: "Rio Tinto ha sido durante mucho tiempo objeto de campañas ambientales y comunitarias en todo el mundo, desde grupos indígenas nativos en Canadá hasta maoríes en Nueva Zelanda. Estas campañas se han centrado, principalmente, en tres áreas de actividad de la empresa: derechos de la tierra, abusos contra los derechos humanos y contaminación ambiental. En estos días Rio Tinto es muy consciente de que las protestas de las comunidades locales, la profanación del medio ambiente y los abusos contra los derechos humanos pueden

Que el WAC entrara en un acuerdo preferencial con semejante organización era una contravención a los principios básicos de independencia organizativa y crítica imparcial.

A lo largo de dos días nos las arreglamos para negociar un frágil compromiso entre nuestra posición, la que estaba a favor de la asociación dentro del WAC y la de la delegación de Rio Tinto. Este preveía un cauteloso conjunto de compromisos a lo largo del siguiente año y una discusión total y abierta entre los miembros del WAC en el congreso de Dublín. No habría asociación ni financiación de las operaciones centrales del WAC por parte de Rio Tinto. Un punto crucial es que preveía dos casos de prueba en los cuales habría algún compromiso entre los miembros locales del WAC y los operativos de Rio Tinto. Propusimos que esos casos fueran en Camerún (en donde Rio Tinto estaba abriendo operaciones) y la Argentina. Los desarrollos futuros dependerían de los resultados de esos casos. Para supervisar esas actividades se estableció un comité de trabajo conjunto.

A partir de este punto sigue una historia de desintegración. Casi inmediatamente los términos del acuerdo comenzaron a cambiar. Rio Tinto rechazó el caso de prueba en Argentina. Más peligrosamente, quienes estaban a favor de la asociación en la cúpula del WAC actuaron para manipular la discusión resultante en la organización. En las semanas siguientes al encuentro de Melbourne tuvo lugar una animada discusión entre los miembros de la delegación del WAC utilizando la lista de correo del Comité Ejecutivo. Alejandro Haber entró en estos intercambios criticando la aventura con Rio Tinto a partir de su experiencia con la devastación y sufrimiento

---

traer mala prensa y está trabajando para mejorar su imagen como empresa socialmente responsable... Pero los impactos de ese tipo de 'capitalismo responsable' no siempre son evidentes en el terreno. Muchas de las operaciones de Rio Tinto siguen provocando controversia y todavía se siente su impacto sobre el medio ambiente". Más intencionadamente, James Vassilopoulos (1997) escribió sobre Rio Tinto: "Es la sociedad capitalista por excelencia, hábil en la maximización de beneficios sin considerar preocupaciones ambientales y derechos humanos".

humano producidos por las actividades mineras en los Andes meridionales. A fines de 2007 fue excluido de la lista de correo. Haber había sido adscrito a la delegación como miembro del Comité de Ética. Nick Shepherd, actuando como editor de la revista del WAC *Archaeologies*, solicitó artículos de posición sobre el WAC y Rio Tinto en preparación para la sesión programada para el WAC6 en Dublín al año siguiente; invitó artículos a favor o en contra de la asociación por parte de miembros del WAC, así como de personal de Rio Tinto. El texto enviado a los autores había sido aprobado por el Comité Ejecutivo como un anuncio de una sesión en el congreso de Dublín, bajo el título "WAC y Rio Tinto: ¿compromiso estratégico o durmiendo con el enemigo?" Cuando Rio Tinto se quejó de la enunciación de este anuncio la cúpula del WAC actuó para cancelar la discusión en las páginas de *Archaeologies*. Se nos dijo que esa discusión violaba códigos corporativos de confidencialidad y no divulgación y dado que el WAC estaba en una relación con Rio Tinto ahora estábamos limitados por esos códigos.[21] Los editores fueron instruidos de que el contenido futuro de la revista debería ser supervisado, previamente, por el Comité Ejecutivo.[22] El anuncio de la sesión para el congreso de Dublín fue retirado. La discusión sobre el WAC y Rio Tinto programada para el WAC6 en Dublín fue transformada en una discusión general sobre la política de acuerdos entre el WAC y "terceras organizaciones". El debate acerca del WAC y Rio Tinto resultó un camino muerto; incluso, la organización aceptó financiación adicional de la minera.

La experiencia con Rio Tinto fue incómoda, posiblemente para todos los involucrados, pero no fue del todo inútil. Forzó a abrir ideas, principios y posiciones que habían sido

---

21 En el encuentro entre WAC y Rio Tinto se circularon copias de muestra de dos acuerdos entre Rio Tinto y una tercera parte: un "Memorando de entendimiento" (2007) y un "Acuerdo de relación" (2007). Ambos contenían cláusulas de confidencialidad. Sin embargo, en contra de la posición de los dirigentes de WAC, no se acordó nada sobre confidencialidad durante los dos días de la reunión ni se mencionó como condición de nuestra discusión.

22 Los editores de *Archaeologies*, con el apoyo del Comité Editorial, no aceptaron esa instrucción.

incorporados al WAC sin mucha discusión. Los meses que siguieron fueron de discusión, reflexión, contacto con colegas y organizaciones fuera del ámbito del WAC. Hubo un largo camino desde la Casa del Ayuntamiento de Southampton hasta los salones de reunión con Rio Tinto pero, de alguna manera, la organización había hecho el viaje.

Arqueólogos y fronteras

Éntrese en la página web del Congreso Arqueológico Mundial. Hágase clic en "About WAC" ("Acerca del WAC"). Allí se lee: "El Congreso Arqueológico Mundial (WAC) es una organización no gubernamental sin fines de lucro y es el único cuerpo mundialmente representativo de practicantes de la arqueología". Se lee que el WAC promueve "intercambio de resultados de investigación arqueológica; entrenamiento profesional y educación pública para naciones, grupos y comunidades desaventajadas; empoderamiento y apoyo de grupos indígenas y pueblos de Naciones Originarias; y conservación de sitios arqueológicos". Se dice que el WAC tiene dos programas principales: "Arqueólogos sin fronteras" y "Bibliotecas globales". En el primero se lee que es un "proyecto único orientado a apoyar la educación y el entrenamiento arqueológicos en países desaventajados... A través de una red de programas de entrenamiento miembros del WAC de diferentes partes del mundo viajan a instituciones anfitrionas de otros miembros del WAC para proveer oportunidades educativas". Esto es parte de la misión del WAC de "impulsar la interacción académica internacional y considerar las barreras económicas a la educación arqueológica".

Lo que el texto no enuncia, pero que gradualmente se va aclarando, es que los miembros del WAC que viajan son de un tipo de localización —del Primer Mundo— mientras que los miembros del WAC que hacen de anfitriones son de otras localizaciones, los "países económicamente desaventajados". El texto continúa para explicar que "Se espera que la universidad anfitriona provea hospedaje, alimento y transporte terrestre para el docente invitado y se espera que el docente invitado provea, voluntariamente, su experticia", lo cual resulta suficientemente claro. Este programa fue probado en 2009 en Nigeria y Colombia, haciendo de anfitrionas instituciones nigerianas y colombianas. Una de estas pruebas tomó la forma de un taller: "Teoría arqueológica contemporánea". El programa de "Bibliotecas globales" sigue la misma lógica. Este es "un proyecto del WAC que desarrolla las colecciones de literatura arqueológica de bibliotecas en países económicamente desaventajados". Actualmente hay 'más de 50 bibliotecas que reciben donaciones desde todo el mundo'. Se nos dice que "esta es una obra importante porque proporciona recursos para la educación y la investigación en ambientes en donde el patrimonio arqueológico y cultural se encuentra amenazado".

Frente a estos programas debemos admitir una suerte de perplejidad, como nos sucede a menudo como arqueólogos del lado incorrecto de la frontera. Obviamente tienen buenas intenciones pero hay algo sublimemente dudoso en un programa arqueológico modelado a partir de *Médecins sans frontières*[23] (imaginamos a un miembro del WAC corriendo en ayuda de un colega miembro con una infusión de teoría, un poco de instrucción de emergencia en alguna u otra técnica o el último volumen de la serie editorial One World).[24] ¿Es esto en serio? ¿Qué tipo de imaginario global está en juego aquí? Nuestros contextos de trabajo no están definidos por una escasez de experticia sino por una escasez de puestos de trabajo, fondos de investigación y oportunidades de publicación. Cada año producimos excelentes estudiantes de maestría y doctorado que se encuentran en la obligación de cambiar hacia otras líneas de trabajo. Nuestra lucha no es por obtener libros y materiales sino por conseguir que nuestros libros se publiquen y distribuyan en las metrópolis académicas, en contra de la marea de una industria editorial centrada en el norte global y una política lingüística que privilegia las publicaciones en inglés. Nuestra mayor lucha es

---

23   Médicos sin fronteras.
24   One World Archaeology (Arqueología de un mundo), la serie de libros más conocida del WAC.

con una política colonial de conocimiento que modela a las metrópolis disciplinarias como los centros de la actualización, el nuevo conocimiento, la experticia y la innovación. Nuevas ideas y formas de práctica están surgiendo por todos lados, a menudo no en los centros tradicionales de la disciplina, a menudo no bajo el encabezamiento de una arqueología postprocesual y a menudo no en la academia. En este caso la historia real no es sobre gotas de emergencia de libros de texto de segunda mano sino sobre un tipo de globalización que reproduce, acríticamente, una política colonial del conocimiento en la cual la dirección del intercambio es siempre de norte a sur y en la cual el sur global es el puesto fronterizo dependiente o la localización del campo.

¿Habría que pensar, tal vez, en otro tipo de "Arqueólogos sin fronteras", en una forma de contra-práctica en la cual los arqueólogos de Uruguay, Botswana y Bangladesh viajaran a los centros de Europa y Norteamérica para hablar de los desarrollos recientes en la práctica y la teoría? Ello, desde luego, no es tan simple porque somos arqueólogos con fronteras. Viajar a cualquier lado, especialmente a cualquier lado en el norte global, incluye un proceso prolongado, caro y desmoralizador, de adquisición de visas, hostiles controles fronterizos y una miríada de otros inconvenientes. Nos encontramos con el fenómeno de arqueólogos con y sin fronteras, un aspecto definitorio de la práctica arqueológica postmoderna postcolonial (tal como, se puede decir, ha sido siempre característico de la disciplina). Esos requerimientos no se relajan en la medida en que nos volvemos globales, "un mundo" en nuestra orientación; cada año se restringen más y se vuelven más castigadores. En lugar de asumir un propósito común y el mito de la disciplina unitaria, contextualmente libre y reproducible a lo largo del tiempo y el espacio, ¿no debiéramos preguntar qué significa enfrentarnos unos a otros como arqueólogos de diferentes lados de la frontera? ¿Cuánto asumimos de antemano? ¿Qué posibilidades hay de designar la posición de los arqueólogos del sur global fuera de la lente de la dependencia y la "desventaja"?

Estados de la abyección y el lugar de la ayuda

Ahora estamos en la posición que nos permite pasar a algunas conclusiones. El WAC existe actualmente como una organización de un tipo particular. Es multinacional, en el sentido en que tiene alcance global, y permanece comprometida con la idea de la nación como su principio organizador. Es desarrollista porque enfoca al sur global y sus fenómenos como un conjunto de problemas a solucionar y porque acepta una versión particular de la historia, la modernidad y el proceso disciplinario. Se presenta como una organización de ayuda que envía asistencia a, o interviene en, grupos variadamente designados como "grupos indígenas", "pueblos originarios" y (personas de) "países económicamente desaventajados". De hecho, en los años desde el WAC5 los imaginarios y las formas de práctica de la "ayuda internacional" han llegado al foco de la organización (Haber 2009b).

Todo ello es un cambio significativo para el WAC, que comenzó como una organización comprometida con formas de autocrítica disciplinaria. El WAC1 fue, después de todo, una intervención en la política del conocimiento en arqueología, desafiante de las ideas recibidas acerca de la relación entre poder, conocimiento, práctica disciplinaria y el contexto social y político. Las nociones de beneficio indígena y, más poderosamente, de derechos indígenas fueron parte de ese proyecto como resultado lógico de una política reconceptualizada del conocimiento. El proyecto fundador del WAC causó un intenso debate entre los arqueólogos. Literalmente, partió en dos al colectivo global de colegas. Nos unimos al WAC debido a la naturaleza del desafío epistémico que planteó a los arqueólogos como una manera de volver la mirada sobre la disciplina y pensar, profunda y seriamente, acerca de un conjunto de ideas recibidas y prácticas no examinadas.

Todo ello ha cesado; permanece, por decirlo así, el impulso residual de "hacer el bien" a los "grupos indígenas", los "pueblos originarios" y los 'países (y colegas) económicamente desaventajados'. No es que el WAC no tenga una política del conocimiento en su actual formulación. A través de sus prácticas interviene, activamente, en una política del conocimiento en arqueología pero diremos que estas intervenciones son de naturaleza reaccionaria. El WAC ha absorbido, y ahora reproduce, un modelo notablemente conservador de la relación entre conocimiento científico y economía política contemporánea. La metrópoli disciplinaria (el lugar de la ayuda) no solo es el sitio de los recursos sino del nuevo conocimiento, la teoría, las técnicas y la innovación. La periferia (el lugar de la necesidad) está allí para escuchar y aprender y para ser un agradecido recipiendario de esas energías. El conocimiento disciplinario es concebido como esencialmente benigno; su proyecto es la proliferación del conocimiento arqueológico (más arqueología, arqueología en todos lados). Este es el consenso moderno colonial enunciado como ayuda y recapitulado en la postmodernidad postcolonial.

Cualquier noción de crítica, debate o autocrítica disciplinaria está llamativamente ausente de la formulación actual del WAC. Para el WAC es como si el giro postcolonial nunca hubiese tenido lugar (por lo que nuestra intervención toma la forma, en parte, de una escritura atrasada). Centrado benignamente en el lugar de la ayuda, el WAC deviene una "arqueología con conciencia" que dona comodidades a los desaventajados. Lo que comenzó como un desafío a la corriente dominante de la disciplina ahora se sitúa dentro de ella con toda comodidad, reforzando una distinción disciplinaria entre el centro y la periferia; absorbiendo, simultáneamente, las energías resistentes, canalizándolas como ayuda; y clausurando la crítica. Fuera de la riqueza, la complejidad y la división extraordinarias de los contextos sociales, políticos, económicos, culturales y disciplinarios contemporáneos el WAC destila un relato acerca de la necesidad individual y una ética del multiculturalismo feliz.

Parte de nuestro argumento concierne el potencial para (y la actualidad de) el daño que surge de semejante conjunto de posiciones y prácticas. El corolario del lugar de la ayuda es una política de la dependencia que produce y requiere (demanda) estados de abyección. En la óptica de la ayuda internacional quienes están del otro lado de la frontera solo se hacen visibles en un estado abyecto. Una crítica que a veces se nos hace a nosotros dos es que somos insuficientemente "desaventajados". O no nacimos para el WAC o el WAC no nació para nosotros sino para algún otro tipo de arqueólogo apropiadamente comprometido con la vida desprovista. Este daño potencial produce un trauma real más allá de la manera como reproduce la política paternalista. La práctica del WAC se caracteriza por vigorosas incursiones a nivel local, a menudo con base en versiones pobremente comprendidas de los contextos locales y armada con nada mejor que la ética multicultural y la idea de los efectos benéficos de la mirada global. En nuestra experiencia a lo largo de los últimos seis o siete años esto ha producido traumas, incomodidades y crisis a los aliados locales y a los corresponsales del WAC.

Lo sorprendente es que el WAC sea esto, una organización que comenzó como una intervención cultural crítica en la política del conocimiento arqueológico y que continúa operando bajo el signo del disenso de principios. Pero tal vez la sorpresa sea errónea. Tal vez aquello que confrontamos en Melbourne haya sido nuestra ingenuidad al imaginar que una organización como Rio Tinto aborrecería los principios del WAC. En la lógica de la ayuda internacional el lugar de una organización como el WAC es adjunto a una organización como Rio Tinto. Nos necesitamos uno al otro, tal como se nos dijo repetidamente a lo largo de dos días. El peso de la opinión en ese salón estaba a favor del acuerdo. ¡Qué inconveniente que unos pocos no hayamos podido comprender las reglas del juego, el arreglo al que se habría entrado con una inclinación de cabeza y un guiño de ojos! ¿Qué mundo habitamos? Pues claramente no es el mundo del WAC.

Dentro y fuera del WAC

La naturaleza de la lucha en la postmodernidad postcolonial puede ser expresada a través del concepto clave de localización. En una de sus formas la globalización/modernidad se expresa como la lucha de lo global contra lo local. En la batalla entre la localización y la globalización la arqueología juega un rol central: traduce (transforma) la localidad (antigüedades, formas de vida, paisajes, conocimientos) en un discurso global (el recurso arqueológico, el objeto disciplinario, el patrimonio), impulsando y posibilitando la intervención más allá de las marcas de la historia local (Haber 2009a, 2009b; Shepherd 2010). En estos términos ser *arqueologizado* es ser capturado, disciplinado e interpolado en un conjunto de discursos disciplinarios globales. No siempre, ni necesariamente, esto es algo malo. Pero tampoco es siempre, ni necesariamente, algo bueno. Hay un doble potencial profundamente implicado en los discursos disciplinarios globales y, más generalmente, en lo que ha sido denominado el conocimiento occidentalista u Occidental (Escobar 2008; Mignolo 1999, 2002; Said 1978): por un lado, un potencial de subyugación, explotación y aniquilación; por el otro, un potencial de libertad humana y desarrollo del potencial creativo individual. La modernidad ha sido un fenómeno de dos caras, demandando una suerte de contabilidad de doble entrada: en una columna la esclavitud racial, el colonialismo/imperialismo, los genocidios, la pobreza masiva y las catástrofes ambientales; en la otra los avances reales en salud y bienestar humanos, las libertades inesperadas, los avances en el conocimiento y un conjunto de ambiciosas conversaciones acerca de la emancipación social.[25] Es por esta razón que nuestra posición no es una defensa de alguna concepción esencializada de lo local por sobre o contra lo global, como tampoco es antimoderna. Es, en cambio, una convocatoria a unos modos pensados, creativos, política y teóricamente informados de compromisos entre los discursos disciplinarios y los contextos locales, contrarios a esta lógica

---

25 La siguiente cita de Hardt y Negri (2009: 67) es un enunciado reciente (y elegante) de este punto fundamental: "La modernidad siempre es doble. Antes de ponerla en términos de razón, iluminismo, fractura con la tradición, secularización, etc., la modernidad debe ser comprendida como una relación de poder: dominación y resistencia, soberanía y luchas de liberación". Walter Mignolo (2007) señaló que no hay modernidad sin *colonialidad* porque la segunda es constitutiva de la primera.

de subyugación/explotación. Esos compromisos terminan siendo más complejos y más difíciles que las ortodoxias del conocimiento moderno colonial con su visión esencialmente benigna de los procesos disciplinarios y la mirada global. Al mismo tiempo en que existe este doble potencial en los discursos disciplinarios globales la lógica y la práctica en la postmodernidad postcolonial, expresada en prácticas acríticas e ideas heredadas, tienden hacia la dirección de la subyugación/explotación. No decimos esto de la arqueología como una propuesta teórica sino como una observación empírica. La conjunción particular en la cual la arqueología sitúa su proyecto disciplinario significa que muchos arqueólogos, tal vez la mayoría, están llamados a facilitar la relación vertical entre, por un lado, intereses globales, compañías transnacionales y elites globales y locales y, por el otro, comunidades, territorios, recursos e intereses locales. Ello no necesita presentarse de formas abiertas y extravagantes, como en la fantásticamente equívoca aventura del WAC con Rio Tinto, sino más sutil y ambiguamente mediante una miríada de prácticas y contextos de trabajos disciplinarios.

Por ejemplo, probablemente la transformación estructural más importante en la disciplina arqueológica en los últimos 25 años desde la fundación del WAC ha sido la amplia influencia del discurso y la práctica de la gestión de recursos culturales (CRM, por sus siglas en inglés). La CRM ha cambiado la cara del trabajo arqueológico. Ha transformado las estructuras de empleo en la arqueología, así como las líneas de informe, las concepciones de audiencia y las nociones de responsabilidad. Sin embargo, y con algunas excepciones, casi no ha habido discusión sobre las consecuencias sociales, políticas y epistémicas de la CRM. Las discusiones bajo el encabezamiento de la teoría arqueológica han tendido a seguir una lógica y genealogía autónomas y a asociarse con otros tópicos e intereses. Podríamos decir que, desde el punto de vista de la teoría en arqueología, los efectos de la CRM han sido decisivos pero éstos se expresan como una suerte de antiteoría que elude la discusión y la articulación y pasa, directamente, a la práctica. La arqueología práctica está ahora dominada por nociones de "recursos culturales", "valores patrimoniales" y "partes interesadas" y por nociones particulares (y delimitadas) de "comunidad", "consulta" y "participación".

Los efectos de la CRM son múltiples, ambiguos y discutidos pero parece que el efecto neto del discurso de la CRM ha sido la domesticación de sitios, culturas materiales y cuerpos de memoria y práctica localmente situados para los intereses del capital global y las elites globales y locales.

En Sudáfrica y Argentina la secuela inmediata de los acontecimientos alrededor del WAC1 a mediados de la década de 1980 fue la llegada a estas playas del discurso de la CRM (en 1988-1989, principalmente desde fuentes norteamericanas). En un desarrollo irónico (o no), típico de la postmodernidad postcolonial, ello significó que la muy anunciada llegada de la democracia no fuera acompañada por una muy necesaria discusión sobre las responsabilidades públicas y los términos del compromiso arqueológico sino, en cambio, por una reorientación hacia los modelos de negocio y el enfoque de la venta de servicios (Shepherd 2008).

Pensar y trabajar de manera diferente como arqueólogo, trabajar a contrapelo de esta lógica de subyugación/explotación, incluye un modo de disenso pensante y una tenaz tarea de (re)conceptualización. Implica escapar de aspectos de nuestro disciplinamiento puesto que estamos formados dentro de los discursos disciplinarios y el conocimiento moderno colonial, profundamente marcados por sus estructuras y su jerga ambigua.[26] Las ambigüedades de este tipo de crítica, tanto dentro como fuera de la mirada disciplinaria, han sido expresadas por nosotros en el dilema práctico de estar fuera y dentro del WAC. Los significados potenciales del WAC son demasiado importantes para nosotros como para permanecer en silencio o como para retirarnos. Necesitamos sacar al WAC de la actual ortodoxia en la organización o bien necesitamos aclarar lo que el WAC es y no es, nombrarlo, e ir más allá del WAC para hallar nuevas formas de organización y nuevas maneras de pensar lo global en lo local.

---

26 Para una discusión del valor de los enfoques indisciplinados véanse los trabajos del llamado grupo MCD (Modernidad/Colonialidad/Decolonialidad) de teoría sudamericana, cuyas principales figuras contemporáneas son Arturo Escobar y Walter Mignolo.

Designar lo indígena

Cerramos con un ejercicio de pensamiento decolonial. La noción de lo indígena ha sido importante para el WAC como un contrapeso a las concepciones hegemónicas de la disciplina y como una base para articular formas alternativas de práctica. Dentro del WAC la noción de lo indígena es, al mismo tiempo, valorizada como un sitio de conciencia subalterna y concebida en términos esencialistas, denotando "pueblos" arraigados, sin tiempo, cuyo pensamiento y existencia existen como el otro irreducible del conocimiento arqueológico (y la ciencia Occidental). En otras palabras, el indígena es admitido en la disciplina pero como un término menor; aparece bajo el signo de la cultura/tradición mientras la arqueología aparece bajo el signo de la ciencia/conocimiento. La práctica en relación a lo indígena deviene una cuestión de "respeto" de la diferencia codificada como "diferencia cultural" (antes que diferencia política, económica o epistémica) y en la cual el conocimiento arqueológico es el árbitro final de la verdad y significado de estos encuentros. Como una abreviatura de esta posición epistémica podemos decir que esta es acerca de traer al indígena al espacio de la disciplina (disciplinar al indígena). ¿Cómo sería, entonces, otro tipo de práctica que pudiera ser descrita como "traer la disciplina al espacio del indígena" o, aún mejor (la posición que suscribiríamos), abrir un tercer espacio en el cual la disciplina y lo indígena pudieran encontrarse entre sí, libres de las calificaciones epistémicas ya sea de la disciplina (ciencia esencialista) o lo indígena (identidad esencialista)? ¿Qué se incluiría en la conceptualización de tal espacio?; ¿cómo pensamos lo indígena desde la perspectiva de una arqueología decolonial?

Un punto de partida en nuestra concepción de lo indígena es el reconocimiento de que existe en un doble sentido: primero, como un producto del discurso colonialista, en el que aparece como una imagen inversa del yo Occidental; segundo, como un sitio de rechazo y resistencia local a los efectos de la modernidad global. Respecto del primer punto la modernidad se presenta a sí misma como un momento de ruptura histórica, de manera que todo lo que la precede o yace fuera de sus límites deviene algo distinto (lo premoderno, lo no moderno). Para que la modernidad aparezca nueva y extraordinaria los fenómenos y estados que yacen fuera de sus límites deben aparecer estáticos, atemporales, tradicionales. Desde esta perspectiva la noción de lo indígena solo tiene sentido en la medida en que existe como lo inverso de otra cosa: universal, cosmopolita, viajado, híbrido, colono. Deviene, además, una manera de nombrar territorios y formas de vida en el sur global (o la periferia). La modernidad nunca es descrita como indígena de Europa (o de Occidente); su signo es lo universal. Si el propio Occidente es concebido como universal, "la casa en el mundo", libre de viaje y vagabundeo, siempre en todos lados igual (idéntico), trayendo Occidente al mundo y el mundo a Occidente, entonces lo indígena es concebido como arraigado, atado a un tiempo y un espacio en particular. Al mismo tiempo, lo indígena está atado a un conjunto particular de conceptos, entre los cuales sobresalen las nociones de primordialismo, atemporalidad y aislamiento. El yo Occidental está en el tiempo (la historia); de hecho, es el principal agente y fuerza motora de la historia, concebida teleológicamente como el relato de la transformación y conclusión del yo Occidental. Lo indígena está fuera del tiempo/historia.

Desde esta perspectiva lo indígena es solo auténtico en la medida en que existe como lo otro del yo Occidental; cuanto mayor sea la distancia (cultural, temporal, espacial), mejor. Para el indígena la desconcertante y paradójica tarea resultante es la de articular (enunciar) un yo contemporáneo que existe fuera de la historia, incluso cuando las historias del colonialismo y la modernidad han intervenido tan decisivamente como para construir la coyuntura presente. Una característica adicional de la categoría del indígena concebido dentro del discurso colonialista es su naturaleza radicalmente homogeneizadora. A partir de la multiplicidad de formas de vida, lógicas y culturas materiales, de toda la riqueza, densidad y diversidad de la vida en el sur global se destila una única categoría: lo indígena. Para la modernidad la vida antes y la vida fuera solo merece contemplarse como anacronismo, una singularidad cuyo significado es su propia obsolescencia.

Todo esto para decir que la noción de lo indígena existe como producto de una episteme particular: el conocimiento Occidental como una manera de nominar la alteridad/diferencia desde dentro de la lógica de esa episteme. En la medida en que existen formas de vida impenetrables para la mirada moderna y en que esa alteridad radical es experimentada como amenazante la noción de lo indígena interpola (domestica) la alteridad/diferencia, ubicándola bajo el signo de la cultura/tradición y lo exótico. Al hacerlo le recorta su potencial radical, cancela el desafío epistémico presentado por el pensamiento local y la lógica que existe fuera de la incumbencia del conocimiento Occidental y nulifica la crítica de las vidas occidentales contenidas en socialidades y ecologías locales. Como abreviatura podríamos decir que lo indígena se come a la alteridad.

Pero esto no es todo: la noción de lo indígena existe en un segundo sentido indispensable en la postmodernidad postcolonial y hacia ello nos dirigimos. La globalización/modernidad se define a través de sus poderes penetrantes, hábiles para llegar hasta los territorios más distantes, los puestos más lejanos en la vida y la imaginación. Esta lógica apropiativa/extractiva, conducida por el capital en su incansable búsqueda de nuevos recursos y nuevas oportunidades de inversión, encierra conocimientos, territorios y formas de vida locales. Al mismo tiempo apremia una miríada de resistencias locales en la medida en que grupos, comunidades y movimientos sociales se movilizan contra esos efectos. Una de estas formas de movilización tiene lugar bajo el signo de lo indígena. Es más, un adjunto de la fase contemporánea de la globalización —su otra cara, si se quiere— ha sido el surgimiento del movimiento indígena, en el cual los recursos de la cultura/identidad/tradición se movilizan para resistir los efectos de la globalización/modernidad. La resistencia está orientada tanto a las consecuencias políticas y económicas de la globalización como a las epistémicas: la imposición de una única lógica, la lógica del capital. Enmarcadas en términos de lo indígena (o, más ampliamente, en términos étnicos) esas luchas incluyen, frecuentemente, agrupamientos subalternos, es decir, colectivos que han sido marginados por el Estado (postcolonial) o que pagan los costos de la globalización sin disfrutar sus ganancias.

Una característica definitoria de tales luchas es su visión hacia atrás y hacia adelante. En el marco de términos primordialistas, como movilizaciones de cultura/tradición, están firmemente situadas en la postmodernidad postcolonial como conjuntos de luchas por derechos, recursos, representación y restitución. Esas luchas están dirigidas contra el Estado (postcolonial), contra las elites globales y locales y contra las agencias, intereses y corporaciones transnacionales. Como movilización estratégica de cultura/tradición incluyen formas de etnogénesis contemporánea y (re)invención de la tradición. En la medida en que están enmarcadas como respuestas a la globalización, y en la medida en que son fenómenos de la postmodernidad postcolonial, son correctamente comprendidas como parte del paisaje de la modernidad más que como su otro; en otras palabras, como modernidades alternativas o contra modernidades.

La materialidad de los sitios arqueológicos, sitios sagrados y restos enterrados (incluyendo restos humanos o restos de los ancestros) deviene un punto poderoso de organización y movilización en las luchas contra los desarrolladores inmobiliarios, las actividades mineras, las represas usurpadoras, la infraestructura indeseada y los agronegocios. Esta es una respuesta a la globalización que juega en una clave diferente, organizada como un conjunto de respuestas que incluyen materialidades resonantes, las significaciones del paisaje y la intercesión de los ancestros. Las mismas características incluidas en el cimiento de la noción de lo indígena (primordialismo, atemporalidad, aislamiento) resultan puntos alrededor de los cuales articular una respuesta resistente a la globalización. La doble naturaleza de lo indígena pasa a un primer plano: como categoría residual del yo Occidental y como un intento de designar formas de vida y lógicas que existen fuera del marco del conocimiento Occidental y la experiencia global/moderna. Incluso se somete la diferencia a una lógica extraña (en la que figura como otredad); retiene, digamos, la presión y posibilidad de la alteridad (de una lógica resistente). En este juego doble y ambiguo, preguntamos: ¿escapan (evaden) estas formas de resistencia la lógica de la globalización/modernidad? ¿O al aceptar el signo de lo indígena estas formas de resistencia están dentro de la lógica de la globalización/modernidad? ¿O, como parece probable, suceden ambas cosas?

El desafío, tal como lo hemos planteado aquí, es pensar lo indígena fuera de la triangulación de tres discursos dominantes: la etnografía colonial (la alteridad como otredad), el nativismo/esencialismo (el otro como yo) y el desarrollismo (el otro como proyecto). Esto incluye comprender lo indígena como un fenómeno histórico en transformación. También incluye comprender la compleja naturaleza de su enunciación: situado en el presente (postmoderno postcolonial); elaborando materiales del pasado (cultura/identidad/tradición); enunciado como futuros posibles. La particular ambivalencia de la noción de lo indígena deriva de su intento de nombrar aquello que existe fuera de la lógica y la experiencia del colonialismo/modernidad pero en los términos de esa misma lógica. Toma la alteridad (densa, polisémica, incognoscible) y la redefine como otredad (una imagen invertida del yo Occidental). Puesto en estos términos el desafío presentado por las nociones de lo indígena es mucho más complejo y más abarcador que el modo en que lo ha concebido el WAC. En el núcleo de la noción de lo indígena hay un desafío epistémico a la disciplina arqueológica, el desafío de "mundos conocidos diferentemente". ¿Cómo reconocemos conocimientos locales, subalternos y fugitivos de tiempo profundo (el pasado ido) como conocimientos por propio derecho y no como otro (tradición/creencia/superstición)? Más que aceptar la dicotomía entre el yo Occidental y el otro indígena como una base para el proyecto disciplinario de la arqueología deberíamos preguntar: ¿qué sucede cuando lo indígena es el yo?; ¿qué sucede cuando ni el yo Occidental ni el otro indígena describen la posición del yo del arqueólogo?; ¿cómo es que la localidad nos inviste diferentemente?

Sobre todo advertimos su duplicidad; las formas de vida y las identidades designadas como indígenas no son una cosa o la otra sino ambas cosas juntas, encadenadas entre los polos de la acomodación y la resistencia. Más que ser cosificadas como un caso histórico especial, juntan una cantidad de otras formas actual o potencialmente resistentes. Su principal característica, como gran parte de la postmodernidad postcolonial, es su disponibilidad tanto para agencias de desarrollo, el capital trasnacional y las élites locales (incluyendo las elites indígenas) como para los zapatistas, los activistas del movimiento maya y los san que reclaman tierras. Comprender los términos en los cuales deviene disponible, así como las posibilidades y limitaciones de una política que derive de allí, forma la base de un proyecto intelectual y una política decoloniales.

Arqueología Ltda.

Hemos cubierto mucho terreno en estas páginas, por lo que permítasenos ser completamente claros. Este es un desafío y un llamado al debate, la discusión y la crítica, dentro y fuera de la organización, acerca de los significados contemporáneos y posibles futuros del WAC. Desafiamos al liderazgo actual del WAC a que responda con una defensa razonada y analítica de sus acciones, posición y política y con su relato del significado del WAC en la postmodernidad postcolonial. Desafiamos a Rio Tinto y a sus representantes y profesionales de relaciones comunitarias a entrar en el espacio del debate abierto con su relato de qué significa ser un "intermediario confiable". Desafiamos a los miembros del WAC, a los curiosos, partisanos, defensores, oponentes, a que respondan con sus versiones de los significados, historias y posibles futuros del WAC.

Nuestra noción de un modo de práctica y compromiso en la postmodernidad postcolonial está construida alrededor de cuatro posiciones. Primero, una defensa del debate, la discusión y el desacuerdo abiertos, críticos y continuos: sin temas excluidos, sin vacas sagradas, sin intentar manejar ni dirigir respuestas. Es solo a través del debate y el disenso que podemos desarrollar recursos conceptuales y posiciones robustas capaces de orientar la práctica y la postmodernidad postcolonial. Segundo, un compromiso en la articulación de un conjunto de contra-prácticas, es decir, formas de práctica que corran a contrapelo de las prácticas acríticas y las ideas recibidas en la medida en que aceptan una lógica de subyugación/explotación.

Tercero, una noción de localidad expresada a través de compromisos cercanos con la particularidad de los contextos y entramados locales. Cuarto, una defensa de la multiplicidad. Puesto que la modernidad global ha sido un intento por afirmar una única lógica y un destino predeterminado sobre la gente y los fenómenos del mundo afirmamos la posibilidad de otras maneras de pensar y ser, incluyendo otras maneras de pensar y ser arqueólogo. Debería quedar claro que la fuerza crítica de este proyecto no está dirigida hacia fuera, a algún empobrecido *otro*, sino hacia dentro, a la propia disciplina. Somos nuestro propio proyecto (somos nuestro propio problema). Al menos debería ser tratada con circunspección la idea de que la arqueología (o el WAC) está en una posición de ofrecer comodidad y dirección a los "grupos indígenas", "pueblos originarios" o practicantes de "países económicamente desaventajados". En cambio, en un espíritu de humildad, apertura epistémica y escucha deberíamos decir: ¿qué podríamos aprender mutuamente?; ¿cómo comenzamos una conversación acerca de las cosas que sabes y las cosas que sé? Hay muchos posibles futuros para la disciplina. Uno de ellos es una adhesión a granel a los intereses del capital global y el advenimiento de una "Arqueología Ltda". Esta es una versión del futuro en cuyo borde estamos y en la cual ahora el WAC juega su parte. Estamos demandando futuros disciplinarios diferentes, más interesantes, abiertos y creativos. A través de este simple (aunque no tanto) acto de escritura deseamos abrir un espacio para que estos futuros lleguen a ser.

La humildad de Sarah Baartman

Esta es la historia de una caja vacía. Es también la historia de un breve encuentro con un objeto material y de los efectos producidos por ese objeto en el momento del encuentro. Concierne a la vida después de la vida de Sarah Baartman. Sarah "Saartjie" Baartman fue una mujer khoisan nacida cerca del río Gamtoos, en lo que es hoy el Cabo Oriental de Sudáfrica, alrededor de 1790. Al quedar huérfana en una incursión militar pasó como esclava a manos de granjeros holandeses cerca de Ciudad del Cabo. En 1810 fue llevada a Londres, donde fue exhibida como un fenómeno con el nombre de *Venus hotentote*. La atención se enfocaba en sus grandes nalgas (esteatopigia) y labios menores alargados, una supuesta característica de algunas mujeres khoisan que producía gran especulación en la Europa moderna temprana. Luego fue vendida y llevada a Francia, donde fue exhibida por un entrenador de animales, Regu, y fue tema de varias "pinturas científicas". Sarah Baartman murió el 29 de diciembre de 1815 de una enfermedad inflamatoria, posiblemente viruela. El anatomista francés Henri Marie Ducrotay de Blainville realizó y publicó una autopsia, que reprodujo el naturalista Georges Cuvier. Su esqueleto, genitales y cerebro preservados fueron exhibidos en el Museo del Hombre en París hasta que en 1974 fueron retirados de la vista del público y almacenados. Cuando el Congreso Nacional Africano llegó al poder en Sudáfrica en 1994 el presidente Nelson Mandela requirió, formalmente, el regreso de los restos de Sarah Baartman. Luego de mucha disputa legal en la Asamblea Nacional Francesa Francia accedió al pedido el 6 de marzo de 2002. Sus restos fueron repatriados y el 9 de agosto de 2002 —el Día Nacional de la Mujer en Sudáfrica— fueron reenterrados en Vergaderingskop, una colina en las afueras del pueblo de Hankey, en el Cabo Oriental.

Esto es cuanto sé, al igual que la mayoría de los sudafricanos, acerca de Sarah Baartman y tanto como se puede obtener de Wikipedia, la fuente de este relato. La misma entrada de Wikipedia está basada en una reciente biografía de Sarah Baartman escrita por Crais y Scully (2009). La entrada concluye advirtiendo que Sarah Baartman se convirtió en un ícono en la Sudáfrica postapartheid como "representante de muchos aspectos de la historia nacional". No enumera esos aspectos pero podría hacerlo aquí: el genocidio de los san del Cabo, la esclavitud racial, las formas extremas de objetivación, la violencia de las economías de la representación colonial e imperial, la sexualización y la degradación simultáneas de los cuerpos negros, los polos conjuntos de temor y deseo alrededor de los cuales gira el relato del discurso colonial. Y eso debiera ser todo. El *reentierro* de Sarah Baartman marca un final, un cierre del círculo. El entorno formal de la tumba, en un lugar apropiadamente inspirador, dirige nuestras respuestas y contiene las energías dejadas por la vida y su posterior melancolía. Con un sitio designado para recordar a Sarah Baartman, podría decir, somos libres de olvidarla; así es como la mayoría de los memoriales funciona en su particular economía relacional de recordación y olvido. Excepto que los mundos materiales son más complicados, más difíciles de contener, y los encuentros que permiten son menos predecibles.

En marzo del 2011 mi primo Sven Ouzman inició un nuevo empleo como curador de arqueología precolonial en el Museo Sudafricano Iziko en Ciudad del Cabo. Mi amigo, el arqueólogo argentino Alejandro Haber, estaba de visita. Decidimos ir donde Sven, quien nos había prometido un recorrido por los depósitos arqueológicos. Era el segundo o tercer día del empleo de Sven, por lo que había cierta informalidad en la visita: queríamos echar un vistazo pero también queríamos darle nuestra bienvenida a su nuevo puesto. El Museo Sudafricano está localizado en el centro de Ciudad del Cabo, en los jardines de la vieja Compañía Holandesa de las Indias Orientales, cerca del parlamento. Es uno de varios repositorios arqueológicos designados y tiene alrededor de 10.000 cajas de material, de las cuales unas 1000 son cajas con restos humanos. El depósito arqueológico está dividido entre dos cuartos, un depósito principal que está en el mismo nivel que las oficinas del personal y un segundo nivel en la planta de arriba.

Comenzaríamos con el depósito principal. Imagínese un recinto largo, con un cielorraso bajo, luces fluorescentes, filas de estanterías muy cargadas con cajas de cartón. Algunos miembros del personal e investigadores visitantes se nos unieron en el recorrido, de modo que éramos un pequeño grupo en el recinto, deteniéndonos aquí y allá para mirar los objetos en la colección. Se podría decir que desde un comienzo era un recorrido realizado en dos niveles. Estaba el tour oficial, lleno de datos, conducido por uno de los empleados de Sven. Y luego había algo más: una extraña conciencia del lugar, una difícil conciencia de la proximidad de la masa de restos humanos. Derrida (1994) escribió sobre la asechanza del presente por los recuerdos de la injusticia pasada: "espectros", en su terminología. De cierta manera las luces brillantes y las estanterías prolijamente apiladas solo servían para subrayar la naturaleza espectral del depósito con sus restos. Así pasaba. A cada momento encontraríamos una rareza, algo que no encajara en una caja pero que hubiera sido consignado al depósito arqueológico. Algunos eran moldes hechos en las décadas de 1920 y 1930 por un empleado del museo de personas descritas como "bosquimanos" (o san). Pintados con colores vivos, parcialmente cubiertos por sábanas blancas, sumaban su presencia espectral a la escena. En la esquina de una hilera de estanterías topamos con un alto cajón de madera, de las dimensiones de un ser humano (*Figura 13*). Una guía de transporte pegada en un costado indicaba que había sido enviada a Sudáfrica desde Francia en 2002. El empleado de Sven hizo la conexión para nosotros: estábamos observando el cajón en el que había sido repatriada Sarah Baartman.

Este fue el momento de encuentro hacia el cual estaba llevando mi relato. El efecto del cajón era extraordinario. Durante diez o quince minutos nos quedamos allí parados. Algunos de nosotros lo tocamos: un cajón tan humilde, después de todo. Toda nuestra conciencia incómoda del lugar, la proximidad de los restos humanos y la violencia por haber sido arrancados

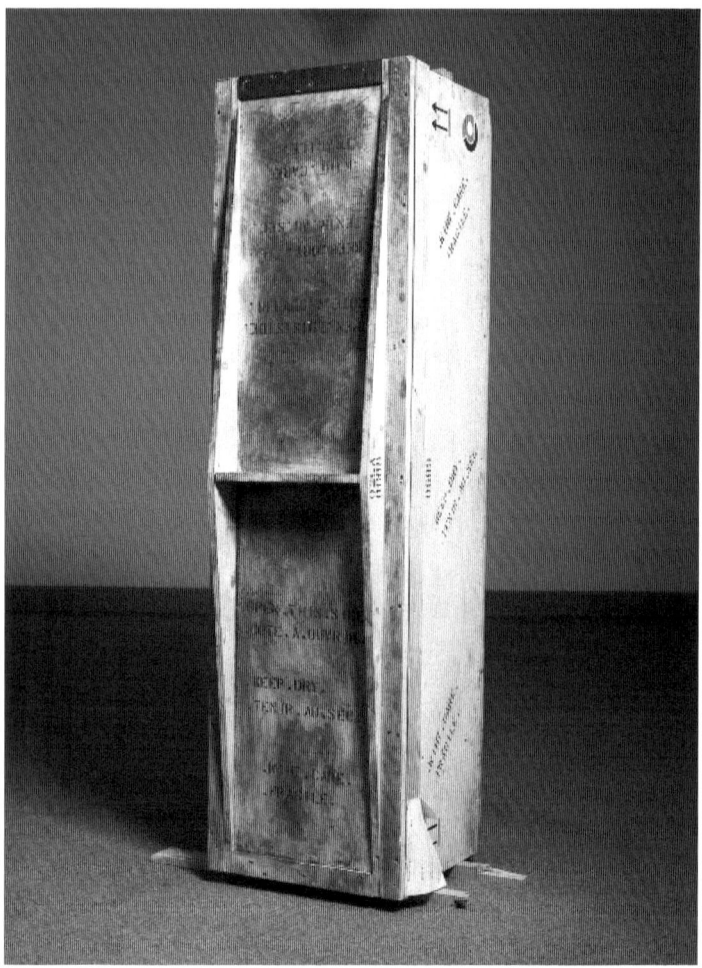

Figura 13. La caja de embalaje en la que fueron repatriados los restos de Sarah Baartman.

de tumbas y sitios sagrados a través del país, se enfocaban en un único objeto. Éramos conscientes de una doble o triple ironía: mientras Sarah Baartman fue repatriada y reenterrada el Estado sudafricano ha resistido, hasta ahora, los pedidos de repatriación de restos humanos en las colecciones de los museos. También estaba el hecho de que no estábamos mirando los restos de Sarah Baartman sino un cajón vacío en el cual esos restos habían sido devueltos. (¿Por qué se había conservado el cajón? ¿Es normal la práctica de conservar los cajones en los que se remiten los objetos del museo?). Tras soportar tanta mirada en la vida, tanta violenta forma de mirada, parecía correcto que el cajón estuviera vacío y que Sarah Baartman estuviera fuera de alcance, puesta a salvo. Hablamos de cómo el cajón debería ser instalado como el primer objeto que uno se encuentre al entrar al museo, de cómo un museo postcolonial podría aprovechar ese único objeto y elaborar a partir de él.

El museo como institución surgió en reconocimiento del poder de los objetos materiales. Al mismo tiempo presenta esos objetos dentro de límites estrictos y contiene su poder latente mediante prácticas de etiquetación y protocolos formales de exhibición. En parte relicario medieval, en parte laboratorio científico, el ambiente del museo produce un conjunto híbrido de encuentros. A cada momento produce su propio momento de ruptura, como en el caso de esta historia de una caja vacía.

Recordando y olvidando la cueva Peers

En las primeras décadas del siglo XX la excavación de yacimientos arqueológicos en Sudáfrica era realizada por un rango de operadores lícitos e ilícitos. Algunos, como John Goodwin y su estudiante Berrie Malan, se veían a sí mismos como prehistoriadores profesionales. Otros, como Peter van Riet Lowe, llegaron a la arqueología a través de otras carreras. Otros más —excavadores entusiastas, aficionados y semioficiales, y "arqueólogos por hobby", para utilizar la expresión actual— operaban en los márgenes de la atención oficial y el reconocimiento científico.

La cueva Peers —también conocida como Skildergat— es una cueva grande e imponente en un *koppie*[27] que mira al sur sobre el valle de Fish Hoek, al sur de Ciudad del Cabo. Es el sitio arqueológico más obviamente prometedor en la cadena montañosa que forma la península del Cabo. Cuando fue excavada tenía un depósito excepcionalmente profundo. También contenía las únicas pinturas rupestres que se hallaron en un radio de unos 100 kilómetros y las más meridionales del continente africano. Su orientación al sur protege a la cueva de los vientos septentrionales que traen al Cabo la lluvia invernal. Tiene una imponente vista del valle, los humedales y el océano a cada lado.

Victor Stanley Peers (1874-1940), un trabajador ferroviario, y su hijo Bertie (1903-1939) vivían en el valle de Fish Hoek. Tenían varias aficiones, incluyendo la arqueología, la paleontología y, en el caso de Bertie, la colección de serpientes. Deacon y

---

27 *Nota de los traductores: koopie,* colina pequeña.

Wilson (1982) señalaron que Goodwin, quien había excavado una trinchera en la cueva en 1925, conoció a los Peers y los alentó a que continuaran con este trabajo. Los Peers excavaron la cueva entre 1927 y 1929, trabajando los fines de semana, los feriados y durante la semana de vacaciones anuales. Usaron palas, picos y dinamita para mover los bloques más grandes (las marcas de las explosiones aún se ven en las paredes). En los niveles superiores hallaron un basural de valvas de hasta 1.5 metros de espesor que databa de la Edad de Piedra Tardía. Fueron hallados los restos de seis personas, dos esqueletos femeninos casi completos y cuatro niños, enterrados en este nivel, "escondidos en las cavidades en la pared trasera" (Deacon y Wilson 1992: 3). Fueron enterrados con pendientes de concha marina, cuentas de cáscara de huevo de avestruz, punzones de hueso, puntas de flecha, piedras perforadas y, en un caso, una pequeña bolsa de cuero llena de hierbas. Otros dos esqueletos fueron hallados en depósitos Still Bay (Edad de Piedra Intermedia) bajo el basural de valvas, pero se juzgó que fueron enterrados desde el nivel del basural.

Del depósito (nivel 3) bajo el nivel Still Bay se recuperó un noveno esqueleto. Este individuo fue descrito por el anatomista británico Arthur Keith como un hombre de unos 30 años y 1.57 metros de altura. Los restos alcanzaron inmediata celebridad como el "Hombre de Fish Hoek". Su fama dependió de haber sido asociado con el nivel de la Edad de Piedra Intermedia en una época en la que los restos humanos de esa etapa eran extremadamente escasos. El interés en este hallazgo fue tal que cuando llegaron a Ciudad del Cabo los arqueólogos visitantes que asistían a la reunión conjunta de las Asociaciones Británica y Sudafricana para el Avance de la Ciencia antes de ir a cualquier otro lado fueron, directamente, desde el barco a la cueva (Deacon y Wilson 1992: 2). En la tapa de un folleto sobre la cueva Peers publicado por la municipalidad de Fish Hoek en 1941 se informa que Arthur Keith dijo: "Pasará mucho tiempo para que se repita un descubrimiento tan perfecto como el de los Peers". En la reunión de Durban de la Asociación Sudafricana para el Avance de la Ciencia en 1932 J.C. Smuts declaró que "La exploración de la cueva no está completa aún pero ya promete ser el sitio en cueva más notable jamás hallado en África del Sur" (Jager 1941: 9).

Los Peers detuvieron su trabajo en 1929 a una profundidad de tres metros. Cavaron una trinchera en los depósitos del talud en la boca de la cueva que se estima que alcanzó los 6 metros y recuperaron artefactos de la Edad de Piedra Temprana. En esa época la única cueva con una secuencia completa desde la Edad de Piedra Temprana a la Tardía era la cueva Montagu, unos 160 kilómetros al nordeste. Los métodos de los Peers eran azarosos y el progreso de su excavación era documentado pobremente. Solo mantenían muestras representativas de los implementos de piedra de cada nivel, que se mezclaban con los hallazgos de otros sitios. La vasta mayoría de los implementos de piedra —probablemente decenas de miles— y casi todos los huesos no humanos eran arrojados por la ladera del talud, donde yacen hasta ahora. Bertie Peers murió en 1939 por una mordedura de serpiente y Victor murió al año siguiente. Keith Jolley, un estudiante de Goodwin, realizó más excavaciones en la cueva entre 1946 y 1947, aunque "no fue capaz de terminar satisfactoriamente su trabajo" (Deacon y Wilson 1992: 3). En 1963 una estudiante doctoral estadounidense, Barbara Anthony, realizó más excavaciones pero su trabajo tampoco fue completado ni publicado. Luego de las excavaciones de Anthony un hueso del esqueleto postcraneal del Hombre de Fish Hoek fue fechado en aproximadamente 12.000 AP, ubicándolo en la Edad de Piedra Tardía "y mostrando que había sido incorrecta la gran antigüedad anteriormente postulada para esos restos" (Deacon y Wilson 1992: 3). Tom Volman, entonces candidato doctoral en la Universidad de Chicago, estudió los artefactos de los tres conjuntos de excavaciones y concluyó que no se podía establecer una secuencia estratigráfica-cultural confiable para los niveles superiores a partir de los informes de los Peers y Jolly. Deacon y Wilson titularon su corto relato de la cueva Peers 'La cueva que el mundo olvidó', refiriéndose a una historia de excavaciones poco rigurosas y publicación incompleta.

Solía haber un diorama idealizado de la cueva Peers en el Museo Sudafricano que mostraba dos cazadores/recolectores san/bosquimanos mirando el exuberante valle. Visitar hoy la cueva Peers es un ejercicio deprimente. Las paredes de la cueva están cubiertas de grafitis y negras de humo. Las pinturas rupestres se han perdido. Una línea pintada alrededor de la circunferencia de la cueva muestra la altura del depósito antes de que los Peers comenzaran a excavarlo. Pasa bien por encima de nuestras cabezas.

Las laderas del *koppie*, que habrían estado cubiertas de *fynbos*[28] en la década de 1920, están tapadas de las acacias invasoras de hoja azul. Enredada entre las raíces de la vegetación exógena, erosionándose por la ladera de la colina, la mayoría de los contenidos de la cueva yace desordenada. Los muertos de la cueva Peers yacen en cajas de cartón en la colección arqueológica del Museo Sudafricano, donde son escasamente estudiados. Los escaladores de rocas utilizan la pared rocosa circundante y la cueva pero un reciente asesor de ClimbZA informa de la "clausura no oficial de la cueva Peers" tras ataques a escaladores. Grupos de la Iglesia Africana Independiente utilizan la cueva y sus alrededores para sus ceremonias. Satanistas de Fish Hoek, muy aludidos en la tradición contemporánea del pueblo, aparentemente usan la cueva para sus oscuros arcanos.

El estatus de Victor y Bertie Peers precisa mayores comentarios. Fueron actores marginales en una disciplina en formación pero, también, arrojan una luz reveladora sobre la arqueología. Es interesante que Goodwin, quien llegó a la Universidad de Ciudad del Cabo en 1923 para asumir un cargo en arqueología y etnología, no reanudara la tarea de excavación. Estaba en correspondencia con los Peers y ofreció hacer moldes del cráneo del Hombre de Fish Hoek (que los Peers planeaban vender). También ofreció redibujar los planos de la excavación de los Peers, que se veían demasiado exuberantes para una

---

28 *Nota de los traductores: fynbos* es el matorral característico de la formación vegetal del Cabo.

publicación científica. Estos planos, junto con los dibujos de algunos de los aleros más pequeños de la bahía Kalk, están entre los más bellos artefactos que se originaron en el archivo de la excavación de la cueva Peers. Sin embargo, hablan de la frontera siempre inestable en donde la investigación empírica se transforma en algo distinto (fascinación, empatía, obsesión). También hablan del patetismo de la muerte, la intimidad de la tumba y la naturaleza destructiva del acto de exhumación.

La cueva Peers ocupa un lugar inestable en una tradición local de arqueología y estudios de la Edad de Piedra. Probablemente fue ocupada intermitentemente durante los últimos 200.000 años. Antes de su excavación existía como un sitio de vivienda, un sitio sagrado y un sitio de entierros ancestrales. También existía como un archivo sin parangón sobre la vida en la península meridional, pero un archivo cuyo significado y desarrollo no son directos. Una pregunta que hacemos en la estela de la destrucción del sitio refiere a los términos de nuestra relación con un sitio como la cueva Peers. ¿Pensamos que es un lugar de descubrimientos y secretos?; ¿estos secretos son mejor liberados con dinamita y palas?; ¿o hay otras maneras de conocer, otros regímenes de cuidado que entran en operación?; ¿qué se ha perdido (mucho, obviamente) y qué se ha ganado?

He sugerido que la cueva Peers existe como un tipo de presencia ausente. Lo que encontramos es el recipiente vacío y arruinado de un sitio. No nos dice casi nada acerca de la vida en el pasado. Lo que nos dice es algo acerca de la disciplina arqueológica y de la naturaleza de la sociedad en el valle en el periodo de su excavación. Fish Hoek fue planeado como un pueblo en 1918. Con su planta de calles radiales, su proximidad al océano y su conexión ferroviaria con el centro de la ciudad se promovía a una clase media blanca creciente como un modelo de pueblo en la periferia urbana. Tal vez la característica más saliente del lugar es que haya vivido tan poderosamente en el mito del pueblo cuyo paisaje domina y que ese mito se haya basado en un error (la falsa atribución del Hombre de Fish Hoek a la Edad de Piedra Intermedia). Dos imágenes como conclusión. La primera fue publicada en un suplemento del

Cape Times del 3 de marzo de 1928 sobre las "Excavaciones en Fish Hoek" y reimpreso en la historia de la cueva Peers con la leyenda: "Mientras que Bertie estaba muy orgulloso de sus esqueletos los vecinos se estremecían ante las macabras figuras y las extrañas mascotas que este joven siempre traía a casa" (Anónimo 1928: 14) (*Figura 14*). Bertie rodea con sus brazos dos de los esqueletos de la cueva Peers. Los tres miran la cámara, el hombre vivo y los esqueletos

Figura 14. Bertie Peers con dos esqueletos encontrados en la cueva.

muertos pero rearticulados, traídos de vuelta al mundo del presente a través de su exhumación, a través de la figura del "Hombre de Fish Hoek" y a través de la simetría de sus poses. En una segunda imagen Dulcie, la hija de Victor que tenía once años cuando comenzaron a excavar la cueva Peers, estrecha la mano a uno de los esqueletos (*Figura 15*). Aquí el chiste es acerca de lo bajo que es el cazador/recolector —Dulcie, en sus calcetines escolares y su vestido de fiesta, se eleva sobre él. Aquí las lecciones son todas en la misma dirección—. Enviamos nuestras voces a la cueva en la colina; solo nosotros nos oímos en el eco que responde.

Figura 15. Dulcie Peers conoce al Hombre de Fish Hoek.

La mano del arqueólogo. Catástrofe histórica, regímenes de cuidado, extirpación, relacionalidad e indisciplina

Escrito en co-autoría con Alejandro Haber[29]

Una gran cantidad de imágenes

Encontramos por primera vez las imágenes cuando están pegadas en las paredes del Espacio de Pensamiento John Berndt, la sala de seminarios utilizada por el grupo de investigación de Archivo y Cultura Pública. Cada autor de capítulos del libro fue invitado a pegar una colección de sus imágenes. Más adelante se haría una selección y algunas de estas imágenes hallarían su camino hacia el producto terminado. Hay algo profundamente atractivo en la mera cantidad y variedad de imágenes. En conjuntos, en parte temáticos, cubren la mayor parte del espacio disponible de la pared.

Como conjunto las imágenes materializan de maneras particulares el proyecto intelectual del grupo Archivo y Cultura Pública. Presentan su variedad, sugieren sus puntos de articulación, plantean preguntas y señalan superposiciones

---

[29] Este artículo fue escrito como parte de un proyecto colaborativo de los autores que se focalizó en cuestiones de arqueología, colonialidad y conocimiento decolonial. Nuestro agradecimiento a Sven Ouzman, curador de arqueología en el Museo Sudafricano Iziko, y a Janine Dunlop y Stacey Hendricks por la asistencia en la investigación.

y coincidencias. Hay algo generativo acerca de la mera profusión de imágenes. Nos rodean durante los tres días de nuestro taller. Nos sentamos y enmarcamos palabras, pero alrededor nuestro un diferente registro clama una multitud de imágenes cuya importancia es solo en parte traducible al lenguaje. Las hemos convocado, han venido a asentarse entre nosotros, nos desafían de particulares maneras. El hábito del lenguaje —el viejo truco del lenguaje— es precisar y anatomizar la imagen, contener la profusión, ubicar cada palabra. ¿Cómo será esta vez?

Al mismo tiempo, como tan a menudo sucede con las fotografías de naturaleza etnográfica o documental, encontramos la imagen como espectro: en el retrato de Biko asesinado, en la mirada que devuelve el sujeto etnográfico, en las fotografías de artefactos mantenidos en la inmovilidad fantasmal en el museo o la colección del archivo. El desafío de la imagen como espectro es específico e histórico.

Estas son imágenes de genocidio, esclavitud, colonialismo y apartheid. Hallamos en ellas nuestro propio embrujamiento y los legados que condicionan nuestro presente. Convocamos a los fantasmas, los ubicamos alrededor nuestro, en torno a la mesa, tejemos una red de palabras, buscamos conexión, reconocimiento, y planeamos un libro.

Conocimiento, representación y catástrofe histórica

La escena que hemos bosquejado da lugar a dos conjuntos de cuestiones. La primera concierne a la antigua y ambigua relación entre la imagen y la palabra, en este caso enmarcada por las tapas de un libro (un libro visual, una noción que cabalga sobre esta ambigüedad). Un segundo conjunto de cuestiones concierne a temas de conocimiento y representación en la estela de lo que Anthony Bogues ha llamado *catástrofe histórica*: el genocidio de los san del Cabo, la esclavitud racial en el Cabo y una trayectoria local de colonialismo y apartheid (Bogues 2010a, 2010b). La manera como respondemos tales cuestiones da lugar a un conjunto de sendas diferentes por las que podemos tomar un proyecto tal y nuestra práctica como académicos. Cada senda implica una diferente formulación de la relación entre conocimiento, representación, catástrofe histórica y nociones de archivo. Cada senda también implica una distinta política de conocimiento, en su sentido amplio, como una comprensión de la relación entre conocimiento, poder y el rol del intelectual (Said 1994). Para facilitar la referencia nos referiremos a las tres sendas discutidas aquí como la disciplinaria, la estética y la indisciplinada. Mientras las dos primeras son familiares es la tercera la que atrae nuestro interés. Para discutir las respuestas y modos de investigación indisciplinados necesitamos originar un vocabulario y un conjunto de ideas y para hacerlo necesitamos tomar un corto rodeo a través de un caso de estudio derivado de nuestra propia investigación sobre la historia de las ideas asociadas con la disciplina arqueológica. No obstante, primero es necesario bosquejar lo que queremos decir con respuestas disciplinarias y estéticas para, como fueran, sacarlas del camino.

Las respuestas disciplinarias a la gran cantidad de imágenes podrían comenzar hallando (o afirmando) un tipo de orden, un conjunto de regularidades, en la gran cantidad de imágenes. Las imágenes podrían ser especificadas por tipo, tema, fecha, género y técnica, y podrían ser asignadas a campos específicos de estudio como objetos apropiados para esos campos. Afirmando la relación con la imagen como una relación de conocimiento las imágenes devienen evidencia (Haber 2009b). A partir de allí su valor como evidencia suplanta —o se impone a— los muchos otros usos, valores y significados que tienen como artefactos visuales y la relación de conocimiento se impone a la miríada de otras maneras como las imágenes convocan una reacción. Las imágenes también están subordinadas al texto, por lo que devienen ilustración. Acorraladas por el texto, aparecen en un mar de texto en las páginas de un libro o revista. Vemos la imagen pero miramos el texto en busca de una explicación de su significado y valor.

Las respuestas estéticas a la multitud de imágenes podrían elaborar una genealogía diferente y una distinta historia de práctica. Esto permitiría formas de enfocarse en la imagen como imagen. También permitiría un espectro de reacciones por fuera de la relación de conocimiento: afectivas y corporizadas, formas de identificación empática, la sorprendida percepción de la imagen tal como impacta en nuestros sentidos. La compensación (el intercambio fáustico) es que las imágenes aparezcan con el signo de lo estético. Enmarcadas como arte permiten un rango de reacciones pero son extraídas de la corriente estricta de intereses disciplinarios (en este punto estamos siguiendo el argumento de Terry Eagleton en *La estética como ideología*). Las imágenes devienen epifenoménicas, tangencialmente relacionadas al mundo de los conocimientos disciplinarios, imbuidas de ideas, pero siempre sujetas a la calificación.[30] La estetización de la imagen la separa de historias particulares, y la pone a disposición como parte de un depósito o repertorio de imágenes cuyo sello es su disponibilidad. La amplia reproducción de imágenes de arte rupestre (por ejemplo) es un caso de estetización de imágenes de (y fuera de) la catástrofe histórica. Reproducidas en libros de gran formato, en logos publicitarios y como parte de la iconografía de la nación devienen parte de nuestro "patrimonio" e "identidad" (aquí el "nosotros" frecuentemente indica a los herederos de la violencia colonial). En nuestra reacción a dichas imágenes encontramos la doble negación (la negación del genocidio,

---

30 Para una discusión más extensa del ambiguo posicionamiento del discurso moderno de la estética véase Terry Eagleton (1983). Sobre el *momento de la modernidad* Eagleton (1983: 367-368) escribió: "También el arte puede ahora cesar de ser un mero lacayo de la ley política; pero esto no es mayormente perturbador, ya que las propias condiciones que permiten que esto suceda —la autonomía de la cultura— también previenen que la libertad potencialmente subversiva del arte tenga un gran efecto en otras áreas de la vida social. El arte viene a significar un puro suplemento, la región marginal de lo afectivo/instintivo/no-instrumental que una racionalidad cosificada halla difícil incorporar. Pero puesto que ha devenido un enclave aislado puede actuar como un tipo de válvula de seguridad o sublimación de estos niveles de otra manera peligrosos de la psiquis".

la negación de la negación). El irregular filo de la historia, el punto en el cual corta hasta el hueso, se convierte en placer, nostalgia y otra representación del tropo intemporal de la bosquimanidad.

Un bosquejo tan breve de la práctica es, necesariamente, un tipo de caricatura, a pesar de lo cual diríamos que captura muchos de los principales elementos de estos dos enfoques familiares. El primero se caracteriza por una clausura, un estrechamiento de las energías, de la imagen, su domesticación y su clasificación estricta al servicio de un orden particular de conocimiento. El segundo promete una apertura de los significados y respuestas, pero lo hace con el signo de lo estético. No obstante, existe una tercera opción como una latencia de las imágenes en sí, como una llamativa materialización de los muros del *Espacio de pensamiento* de John Berndt. Esta opción resiste tanto la disciplina de la imagen como su estetización (tal como describimos aquí ambos procesos). Alcanza e intenta realizar otro conjunto más rico de posibilidades, no predicadas en la oposición de arte y conocimiento ni de arte y vida. Tal como lo comprendemos, este es el camino explorado por la Iniciativa de Investigación en Archivo y Cultura Pública. Hay muchas maneras posibles de describir la intención de un proyecto tal, así como hay muchas maneras de ir más allá del disciplinamiento y la estetización estrechos de la imagen. En lo que resta de este ensayo queremos explorar un conjunto de ideas asociadas a una reacción indisciplinada, en términos de una noción de *relacionalidad*. Pero primero un rodeo.

Método en la prehistoria

A comienzos de la década de 1930 el arqueólogo sudafricano John Goodwin excavó la cueva Oakhurst en la costa del Cabo Meridional. Goodwin fue asistido por una cantidad de trabajadores, incluyendo al hombre identificado como Adam Windwaai (Adán soplando-en-el-viento) (Shepherd 2003). La cueva Oakhurst es un sitio grande y productivo, notorio por la cantidad de entierros humanos hallados y la riqueza de la cultura material asociada. Está localizada unos 15 kilómetros al este del pueblo de George, unos pocos kilómetros al interior, en esa parte de la costa del Cabo Meridional conocida como Wilderness ("área salvaje"). Fue la más ambiciosa excavación de Goodwin. Volvió durante seis campañas en el curso de cuatro años (1932-1935). Tenía renombre en la década de 1920 como practicante de laboratorio y analista de instrumentos de piedra (Goodwin y Van Riet Lowe 1929). La cueva Oakhurst establecería su reputación como un practicante de campo.

La transcripción de las excavaciones de la cueva Oakhurst existe en una cantidad de diferentes formatos: como un conjunto de notas de campo, como un informe publicado y como un conjunto de fotografías. En conjunto nos invita a reflexionar sobre las diferentes modalidades del archivo (el archivo público, el archivo oficial, el archivo oculto y el archivo ilícito). El extenso informe de la cueva Oakhurst, "Archaeology of the Oakhurst Shelter, George", fue publicado en las *Transactions of the Royal Society of South Africa* y es un modelo de informe oportuno. Goodwin (1937) fue su principal autor, con secciones sobre cerámica por J. F. Schofield (1937) y sobre restos óseos por M. R. Drennan (Drennan 1937a, 1937b). Mary Nicol, posteriormente Mary Leakey (descrita en el informe como "una prehistoriadora europea"), visitó el abrigo y excavó la Tumba XVII (Goodwin 1937: 244). También comentó favorablemente acerca de los métodos de campo de Goodwin. Diez años después de su publicación del informe de la cueva Oakhurst publicó *El método en la prehistoria*, el primer manual sobre metodología arqueológica escrito para las condiciones locales (Goodwin 1945).

El impulso de Goodwin para instalar el método en la práctica de la prehistoria fue una parte de la modernización de la disciplina. También estaba reaccionando contra las prácticas comparativamente extendidas de excavación y exhumación casuales. Estas iban desde la búsqueda de tesoros hasta la recolección de material más conscientemente científica, pero no menos casual. Drennan confirma esto en la segunda parte de su informe sobre la cueva Oakhurst, sobre "Los niños de los habitantes de la cueva", donde advierte que la rara "tan buena serie de esqueletos infantiles debería ser rescatada de la excavación y puesta a disposición para el estudio antropológico físico" (1937: 281). Esto es debido a la delicada naturaleza de los restos: los huesos craneales son "delgados como un papel en ciertas regiones". Escribe: "Como resultado el recolector casual usualmente los pasa por alto en favor de trofeos menos delicados" (1937: 281).

Goodwin informa que se tuvo el "mayor cuidado" al excavar "esqueletos". Cada uno tomó un promedio de 12 horas, utilizando un pequeño paletín de albañil y una brocha con mango plástico. Esta cuidadosa práctica hizo posible recuperar el "ajuar de la tumba", incluyendo cáscaras de huevo de avestruz, puntas de flecha y astas, implementos de piedra, piedras de moler, caparazones de tortuga con pigmento (ocre), cuentas de cáscara de huevo de avestruz, conchas marinas y piedras perforadas. Muchos de los cuerpos están flexionados fetalmente. Algunos yacen sobre camas de algas (*Zostera capensis*), un material "utilizado para acostarse, tanto por los vivos como por los muertos" (Goodwin 1937: 238). Ciertamente los muertos simulan a los vivos, cuyos huecos para dormir yacen justo sobre ellos.

El archivo, la fotografía y la tumba

Tiernamente enterrados en vida, los cadáveres de los muertos son exhumados por el arqueólogo 'con el mayor de los cuidados'. Las acciones de barrido de la brocha reflejan, en reversa, las acciones de la mano que palmeó el suelo del hogar. Desnudados por la excavación, los cuerpos son sujetos a un distinto régimen de cuidado y a la lógica del archivo. Son numerados, inventariados, embalados, registrados y catalogados. Su reanimación tiene lugar dentro de los estrictos límites de esta lógica. Los conocimientos disciplinarios y el régimen de cuidado del museo y el archivo se fundamentan en tres formas interrelacionadas de violencia epistémica. La primera es una violencia de objetivación, en la que un objeto epistémico es señalado, designado y visto por la disciplina (un abrigo rocoso junto al mar deviene la cueva Oakhurst, el muerto desenterrado deviene la tribu de Oakhurst, algunos de los muchos implementos de piedra del sitio son adscritos a las culturas Smithfield B o C). La segunda es una violencia de extirpación (corte), en la que los fenómenos son extirpados de un contexto y conjunto de relaciones (el régimen de cuidado de la vida) y sometidos a otro régimen de cuidado alternativo. Los muertos de la cueva Oakhurst existieron en relación a territorios y formas de vida conocidos. Su copresencia condicionó el mundo de los vivos, a quienes estaban ligados por la memoria, la descendencia y los lazos poderosos y multivalentes que conectan los vivos a los muertos. Su presencia en el suelo actuó como una garantía literal y metafórica de los derechos al territorio y la continuidad de las formas de vida.

Su extirpación de este conjunto de relaciones comenzó con el planteamiento de una cuadrícula. En la mano de Goodwin un paletín corta la tierra. Los muertos de la cueva Oakhurst (Tumba VII) yacen desnudos, inscritos en una nueva lógica y unos nuevos espacio y tiempo. Pasan su segunda vida como sujetos del régimen de cuidado del museo y del archivo. Los restos humanos de la cueva Oakhurst son mantenidos en dos lugares: los depósitos arqueológicos de la Universidad de Ciudad del Cabo y el Museo Sudafricano Iziko. El día en que visitamos los depósitos arqueológicos del Museo Sudafricano (en marzo de 2011) la colección estaba siendo alistada para su relocalización en otra parte del museo. Los empacadores se movían entre las estanterías; en algún lado sonaba una radio. Los depósitos arqueológicos del Museo Sudafricano tienen, aproximadamente, 10.000 cajas de material, de las cuales alrededor de 1000 son cajas de restos humanos. Ubicados en su estante, los muertos de la cueva Oakhurst ahora existen en relación formal a los muertos rebautizados y numerados de sitios a lo largo de Sudáfrica. Una multitud de redes, reclamos territoriales y formas de inscripción profunda es desarraigada, relocalizada y reducida en un único sitio. De alguna manera, la iluminación fluorescente y los estantes prolijamente apilados, la suave melodía de la radio, solo sirven para enfatizar la violencia de este desarraigo. Pensamos: esto es la *colonialidad* (esto, más que la abstracta lógica de las representaciones eurocéntricas).[31] Esta es la masa oscura que existe en el corazón de la institución. A nosotros nos parece que todo el espacio amenaza con explotar, desencadenarse.

Relacionalidad

La tercera forma de la violencia epistémica es una violencia de alienación. Esta secciona los fenómenos de sus contextos e historias específicas y los reclama para la historia y el conocimiento universales. Opera como una forma de titulación que permite a Goodwin actuar de la manera como lo hace, en términos de un derecho que pasa sin ser cuestionado. En la época de su excavación la cueva Oakhurst estaba en tierras de un granjero llamado Dumbleton. Podríamos decir que la expansión territorial y el gobierno colonial abrieron el sitio para Goodwin pero fue la titulación disciplinaria la que volvió su excavación un acto de virtud científica. Esta es la misma titulación que continúa manteniendo la miríada de restos humanos en la colección del Museo Sudafricano como parte del patrimonio nacional, frente a reclamos alternativos y llamados a la repatriación.

Los regímenes de cuidado de la vida existen para procrear un conjunto de conexiones y para establecer una relacionalidad radical. Esta comienza con el tipo de relacionalidad que establece la copresencia de los vivos y los muertos pero se extiende hacia una conexión con el lugar, con otros seres vivos y con los dioses (Haber 2009a). Las lógicas disciplinarias y los regímenes de cuidado del museo y el archivo se afirman como una disección de esta relacionalidad y un aislamiento del objeto en el espacio y el tiempo. Su impulso (o fuerza) es ubicar el pasado en el

---

31 La *colonialidad* es la "dimensión epistemológica del colonialismo". Véase Castro-Gómez (2008).

pasado, aislado de manera segura del presente, imaginado por la lógica de la modernidad como un espacio libre para auto-invención. En el escenario que hemos bosquejado aquí los actos indisciplinados comienzan reestableciendo o reafirmando (o, al menos, explorando) esta relacionalidad radical. En el mundo que habitamos esto no incluye retrotraerse a algún imaginado pasado cazador-recolector. En cambio, incluye dos movimientos, que son mucho más elementales y más radicales en sus efectos. En primer lugar, implica establecer (o explorar) formas de empatía y conexión, ellas mismas truncadas por la lógica salvaje de la modernidad. En segundo lugar, implica tomarse seriamente la proposición de que los muertos caminan entre nosotros. Es decir, implica tomarse seriamente cuestiones de legados. La historia existe como un conjunto de relaciones materiales y como una presión de experiencia que da forma a subjetividades, condiciona las vidas y embruja el momento presente. En los depósitos del Museo Sudafricano los muertos no existen como remanentes (como en la lógica artefactual de las disciplinas) sino como espectros, en el sentido de Derrida (1994): como recordatorios de los asuntos pendientes, de la inmanencia de la injusticia histórica y de las muchas formas como el pasado acecha el presente.

En un contexto sudafricano, es decir, en un contexto de trauma histórico las cuestiones de violencia y representación necesitan enmarcarse como parte de un conjunto más amplio de cuestiones concernientes al conocimiento y la representación en la estela de la catástrofe histórica. Tal catástrofe se refiere tanto a pasados profundos de genocidio y esclavitud racial como a pasados más recientes de traslado forzoso y destrucción de comunidades durante el apartheid. Al mismo tiempo, la historia no existe como parte de un dominio abstracto y aislado, como en el mito disciplinario de un pasado embalado y etiquetado, sino como una relación inmanente con el mundo que habitamos. ¿Cuál es la verdad del pasado en la sociedad postapartheid? Una de tales verdades es la idea de que la injusticia histórica existe como, y es recapitulada en, formas de injusticia social contemporánea. Esta es una visión profundamente incómoda. Complica nuestra relación con las nociones de historia y archivo de maneras que solo estamos comenzando a articular. Al mismo tiempo, los protocolos disciplinarios expresan esta relación como un derecho *aproblemático*, como una forma de titulación. Como arqueólogos no seguimos más profundamente a Goodwin cuando seguimos los mismos métodos y teorías sino cuando existimos dentro de las relaciones históricas que establecen nuestro derecho a los sitios en el paisaje y los cuerpos de cultura material como una forma de titulación. En dicho contexto, como herederos de la violencia colonial y la titulación disciplinaria, no tenemos alternativa distinta a responder mediante actos de indisciplina.

Actos de indisciplina

Para volver a la gran cantidad de imágenes y para terminar con un frenesí de preguntas: las prácticas disciplinarias y los regímenes de cuidado del museo y del archivo incluyen la disección de una densa red de relaciones y significados y la reubicación del objeto en un nuevo conjunto de relaciones que toma la forma del encasillamiento temporal y espacial (la cuadrícula arqueológica, la cronología, la tipología y la caja en el estante). En la gran cantidad de imágenes en las paredes del *Espacio de pensamiento* de John Berndt sentimos el surgimiento de un nuevo tipo de relacionalidad. Esta no es la procreación de la vida sino una mímica de la procreación de la vida en la imagen. ¿Importa que sea una mímica (en el sentido en que toda representación, toda escritura, es un tipo de mímica)? ¿Cuáles son sus implicaciones? ¿Se abre a nuevas posibilidades y significados la yuxtaposición de imágenes radicalmente diferentes (forzadas a estar juntas)? ¿Tales aperturas rápidamente se cierran, ilusorias? ¿Podemos usar las imágenes para romper los discursos que las produjeron (podemos ser usados por las imágenes para romper los discursos que las produjeron)? ¿Nos invitan a otros actos de indisciplina? ¿O acabamos con una hábil recapitulación de la disciplina? ¿Cuál es la relación entre el libro y la caja de restos humanos en el estante? ¿Deviene el libro una manera de abrir el depósito del museo, soltar los restos en otro régimen de cuidado, basado en formas de la vida contemporánea? ¿No es el estante el lugar para que el libro esté, y circular en la vida no es el lugar de los restos? ¿Cómo hacemos una curaduría de los muertos, de quienes planteamos que están bajo nuestro cuidado, pero dejamos los vivos a su propio destino? Imagínese un escenario: ponemos el libro bajo nuestro brazo, caminamos hacia el depósito del museo, ubicamos el libro en el estante y salimos caminando con una caja de restos humanos.

Ahora estamos frente a una decisión: un hueso es ubicado en el umbral de entrada del parlamento, un hueso es reenterrado en la cueva Oakhurst, un hueso es enviado por correo al Ministerio de Artes y Cultura, un hueso es controlado en la mesa de entradas de la biblioteca de la Universidad de Ciudad del Cabo y un hueso es ofrecido a la venta en eBay. Imagínese otro escenario: organizamos un seminario en el depósito arqueológico del Museo Sudafricano. Sentados a la mesa, discutimos las ponencias de cada uno. Alrededor de nosotros se levantan las estanterías con sus cajas. Donde las imágenes parecían chillar para sumar su estrépito a nuestra discusión hay aquí solo un silencio sordo y opresivo, un olor rancio. Estamos en presencia de algo ilegible para nuestros protocolos y nuestras maneras de trabajar. Valientemente llenamos el silencio con palabras.

La arqueología y la conquista del tiempo

La conquista colonial del tiempo y el espacio

Se sabe que el colonialismo incluyó la conquista del espacio o territorio, pero también abarcó la conquista del tiempo. La conquista del tiempo adoptó muchas formas. En primer lugar, incluyó la captura de las historias locales y su sujeción a marcos y perspectivas eurocéntricos. Desde el momento del contacto la experiencia local generalmente solo tenía sentido en la medida en que se relacionaba con la experiencia Occidental y la presencia europea, lo que para la mayor parte del sur global significaba la presencia colonial. Así sobrevino una tipología familiar: lo precolonial, lo colonial y lo postcolonial (todo refiere al colonialismo, todo refiere a Occidente). La conquista del tiempo también incluyó la cancelación o subalternización de las temporalidades y comprensiones del tiempo locales. Las comprensiones distintas y multiformes del tiempo (como circular, repetitivo, simultáneo, etc.) fueron reemplazadas por el tiempo Occidental moderno, el tiempo lineal marcado por una serie de rupturas. Las concepciones modernas del tiempo separan el pasado del presente y el presente del futuro. El presente resulta el punto evanescente sobre el cual se posa el sujeto moderno, un instante ficticio que, en su invisibilidad y omnisciencia, recuerda a las epistemologías del "punto cero" descritas por el filósofo colombiano Santiago Castro-Gómez (2002a, 2002b; véase Mignolo 2011a). El *pasado* resulta distante y objetivado. Una de las principales funciones del tiempo lineal y de la imaginación histórica modernos es la de posicionar al pasado dentro del pasado, aislarlo en su propio espacio-tiempo. El museo, una institución moderna clave, ofrece lecciones objetivas acerca del pasado distanciado e inmovilizado, segregado del presente y puesto a disposición de un determinado tipo de mirada inquisidora (Kirschenblatt-Gimblett 1998).

Un aspecto clave de la conquista del tiempo incluyó la reedición de subjetividades y la disciplina de los cuerpos. Los sujetos disciplinados modernos necesitan llegar a tiempo al trabajo, terminar a tiempo y no perder tiempo. En la sección sobre el trabajo alienado en sus *Manuscritos económico-filosóficos* de 1844 Karl Marx (1961) describió la alienación del cuerpo que sufre el trabajador o la trabajadora y su sujeción a un nuevo tipo de temporalidad dictada por la mecano-factura y el proceso mecánico. Cien años después, en la clásica película *Tiempos modernos* (1936), Chaplin representó esta alienación de manera conmovedora e inolvidable en su retrato de un trabajador fabril en una línea de montaje. El ensayo "La pereza en África del Sur" del escritor y crítico John Maxwell Coetzee (1988a) describió el poder de la supuesta pereza de los indígenas khoikhoi y san del Cabo para escandalizar la sensibilidad europea moderna. La extirpación de la pereza y el imperativo moral de "hacer trabajar al nativo" fue un poderoso justificativo para el colonialismo, así como para el "gran confinamiento" de los pobres e indigentes en la Europa del siglo XVII descrito por Foucault (1965). De hecho, el tiempo es la dimensión clave para nuestra comprensión de la modernidad y, por extensión, la postmodernidad y la modernidad colonial. Para Anthony Giddens (1981) y Jürgen Habermas (1987) la modernidad tiene que ver con la realización de una nueva relación con el tiempo: no solo el tiempo cronológico, secuencial, mercantilizado, sino una nueva comprensión de ser en el tiempo. En este sentido la modernidad funciona como un *telos*, un sentido de destinación, la idea de un viaje progresivo hacia el destino. Para la modernidad Occidental este viaje comienza y termina en una única localidad, Occidente, y corre a lo largo de una única vía. El héroe y narrador es el yo Occidental. El colonialismo permitió la expansión geográfica y la imposición de este *telos* y de esta comprensión Occidentales del tiempo, remodelando lo que Walter Mignolo (2011b) llamó "la retórica salvífica de la modernidad" como un relato universal de la emancipación humana.

Así como la conquista del tiempo tuvo muchas dimensiones, incluyendo ontológicas y epistemológicas, la conquista colonial del espacio incluyó mucho más que la simple captura del territorio (si, acaso, ese proceso pudiera ser simple). También transformó la comprensión del espacio y produjo nuevas concepciones del ser en el espacio. En África meridional las concepciones locales no modernas del espacio eran (y son) variadas, generalmente organizadas alrededor de sitios y rutas significativas: parapetos de caza, corrales de reses, abrigos rocosos, pasos montañosos, cruces de ríos, sitios sagrados, granjas y sitios de entierro ancestral. Las concepciones del espacio de los cazadores-recolectores, por ejemplo, a menudo incluyen una relación íntima con ecologías locales en las que el yo coincide con el territorio conocido o propio y muy claramente es "impensable" por fuera de esta relación. Muchos miles de pinturas rupestres, petroglifos y sitios sagrados a lo largo y ancho de África meridional son testimonio de una concepción del espacio en la que la presencia humana se manifiesta mediante la marcación figurativa del paisaje, la narración de ciclos de relatos y las prácticas de entierro ancestral (Deacon y Deacon 1999; Lewis-Williams 2002, 2009, 20013; Lewis-Williams y Pearce 2004). Las concepciones del espacio de los pastores generalmente se organizan alrededor de ciclos de trashumancia ligados a la disponibilidad de pasturas (Smith 2005). Los agricultores usualmente tienen una relación más sedentaria con el lugar, ligada a la duración de los ciclos vegetales. Las concepciones del tiempo están ligadas a las estaciones de crecimiento y a los ciclos naturales del sol, la luna y las estaciones. El trabajo de Tom Huffman y sus colegas ha descubierto un "patrón central de reses" en África meridional, organizado alrededor de la centralidad de las reses, la arquitectura simbólica/sagrada de la granja y la repetición de motivos de diseño, como el cheurón y el cocodrilo (Hall 1987; Huffman 1996, 2005).

En un proceso ya familiar esas concepciones locales del espacio son reemplazadas por concepciones modernas cuyos dispositivos incluyen una noción cartográfica y la primacía del mapa; la mercantilización de la tierra y la noción de la propiedad privada; la primacía de la línea divisoria y el alambrado en la marcación de los reclamos individuales; y una concepción alienada de la tierra como unidad de producción, esencialmente separada del yo moderno y disponible para su utilización y explotación (Branch 2014; Castree y Gregory 2006; Edney 1997; Harvey 2001, 2005; Soja 1989, 2010). En un doble movimiento característico de la lógica de la modernidad el tipo de conexión profunda con el territorio delineado en el párrafo precedente ha sido cortado por la imposición de una concepción moderna del tiempo y el espacio y luego reconectado de manera alienada a través de una serie de dispositivos secundarios: la poesía romántica del paisaje; la retórica de la sangre y el suelo de los nacionalismos modernos; y la noción de patrimonio.

La transformación del ser

Según pensadores *decoloniales*, como Walter Mignolo, Enrique Dussel, Nelson Maldonado-Torres y Sylvia Wynter, lo que es distintivo de la modernidad colonial es que no solo incluyó la conquista de un pueblo por otro, tal como sucedió en los reinos antiguos a lo largo del tiempo, sino que también capturó y transformó el conocimiento del mundo y *el ser* en el mundo. Tal como he estado relatando aquí, tomó la forma de la realización de nuevas relaciones de tiempo, espacio y persona, y de las formas de poder basadas en estas nuevas comprensiones. Esto ha sido planteado por Aníbal Quijano y sus colegas como "colonialidad del poder" (Grosfoguel 2007; Quijano 2000, 2007). Las dimensiones epistemológicas y ontológicas del colonialismo como fenómeno histórico produjeron un nuevo mundo, no solo en el sentido de nuevas relaciones políticas y económicas sino, también, en el sentido de un nuevo orden de cosas que sobrevive al colonialismo como fenómeno histórico; a esto refiere el término *colonialidad* en la obra de Enrique Dussel, Walter Mignolo y otros.

En ese sentido es necesario calificar y explicar varios asuntos. Primero, no es suficiente la mera afirmación de la existencia de nuevas relaciones espacio-temporales: estas necesitan ser establecidas y reforzadas, a menudo a través de medidas dramáticas, frente a resistencias locales de todo tipo, desde la defensa armada del territorio hasta la elaboración de formas culturales resistentes en la danza, la música y el ritual. Más aún, una vez impuestas estas nuevas relaciones sobre las poblaciones cautivas no es suficiente asumir que ha sido reeditado el mundo y que ha sido producido un nuevo orden: estas nuevas relaciones espacio-temporales necesitan ser recapituladas de manera continua, a menudo a través de medios *performativos* (Grosso 2008, 2012).

Segundo, la recapitulación *performativa* de las nuevas relaciones espacio-temporales incluye la totalidad del Estado colonial moderno y las instituciones no estatales (prisiones, hospitales, hospicios, escuelas, universidades, museos), así como las relaciones cotidianas, las formas dominantes de la producción cultural, etc. Este abarcador conjunto de procesos orientados a la disciplina de los cuerpos, la formación de subjetividades y la educación del gusto ha sido descrita por Bourdieu (1984) con relación a la esfera pública burguesa y por Foucault (1975, 1995) con relación a las instituciones estatales en Europa. Esos procesos tuvieron diferencias considerables en cada contexto pero coincidieron en la producción de subjetividades modernas/coloniales; es decir, seres que moran en el espacio-tiempo moderno/colonial. Una intervención clave de los pensadores *decoloniales*, ausente en las obras de Bourdieu y Foucault, es que las subjetividades modernas/coloniales están divididas por la diferencia colonial. En un lado está el yo Occidental, comprendido como un ser que existe en el tiempo, en la historia, en un mundo concebido como un lugar cosmopolita. En el otro lado está su *otra/o* local, concebida/o como un yo racial o étnico que mora fuera del tiempo y la historia en el mundo encerrado de la *tradición*, opuesto a la modernidad. Cada uno habita el tiempo de manera diferente. De hecho, ambos están firmemente establecidos en el espacio-tiempo moderno; lo que los divide es la diferencia colonial. No se trata de un yo Occidental moderno y de su *otro* tradicional, como es comúnmente comprendido en las narrativas eurocéntricas sobre la modernidad, sino, más bien, de distintos aspectos del yo moderno. Estos son el yo Occidental y sus alotropías (el amo, el colono, el conquistador, el misionero, el soldado, el administrador, el hombre de ciencia) y los seres que la modernidad colonial produce en su habitación local al otro lado de la diferencia colonial (el nativo, el indígena, el esclavo, el indio, el bosquimano, el negro, el muchacho, el informante). Este conjunto de procesos orientados a la transformación del ser a un lado y otro de la diferencia colonial ha sido planteado por Nelson Maldonado-Torres (2007, 2008) y otros como *colonialidad del ser*.

Un tercer punto: aunque el amplio conjunto de procesos descritos más arriba está enmarcado y es imaginado como un proyecto totalizador, de hecho y en la práctica nunca alcanza este tipo de cobertura total. Esto no supone subestimar sus efectos catastróficos en las formas locales de vida ni el grado en el cual nuestras propias subjetividades han sido moldeadas en la fundición de la modernidad colonial. En cambio, implica reconocer que siempre hay resistencias, contraproyectos y formas locales de ser en el mundo que obstinadamente resisten y permanecen o que, silenciosamente, se retiran a los márgenes de la vida moderna/colonial. Un cuarto punto concierne al destino de los conocimientos locales dentro de la geopolítica del conocimiento antes esquematizada. En general, a los conocimientos y formas de vida locales esperan dos suertes. En primer lugar, son absorbidos o internalizados, selectivamente, por el conocimiento Occidental, usualmente de maneras no reconocidas. En el proceso de esta absorción selectiva son *re-encuadrados* de manera que, por ejemplo, se pierde gran parte de su potencial crítico o afectivo. Este proceso podría ser adecuadamente descrito como un tipo de predación o canibalización de los conocimientos locales. En segundo lugar, son cancelados o degradados como formas de conocimiento. La forma de esta subalternización es específica: los conocimientos locales son ubicados bajo la etiqueta de la cultura, la tradición, la creencia o la superstición. En otras palabras, no figuran como conocimiento sino como su opuesto —cultura o tradición— y así son pasto del dominio de la disciplina antropológica. Nuevamente encontramos a la diferencia colonial, esta vez en el dominio de la epistemología. Mientras que, en su conjunto, las disciplinas en las humanidades y las ciencias sociales toman al estudio del yo Occidental como su dominio bajo la etiqueta de *humanitas* la antropología es un caso especial que estudia el yo no Occidental, enmarcado como tradicional y puesto bajo la etiqueta del *ethnos* (Mamdani 1998; Mudimbe 1988).

En un movimiento posterior la relación espacial entre los conocimientos y las formas de ser en el mundo de Occidente y los conocimientos, mundos de vida y formas de ser en el sur global es *re-encuadrada* como una relación de tiempo. Habitar el sur global como uno de los *otros* del yo Occidental es habitar el tiempo pasado (Fabian 1983; Mignolo 2011a). En un contexto específicamente arqueológico los conocimientos y formas de ser en el mundo locales, no coloniales ni modernos, son descritos como precoloniales. Esto produce dos cosas. Primero, refiere al colonialismo europeo como la cota cero universal de la experiencia humana. Segundo, confina al tiempo pasado esos conocimientos y mundos de la vida, de manera que ya no forman parte del mundo contemporáneo. Un caso extremo del abandono de pueblos y formas de vida en el tiempo ido o transcurrido concierne a los san o bosquimanos del África meridional. Un tropo recurrente aplicado a los bosquimanos a lo largo de varios siglos de contacto y escrutinio los describe como un *pueblo fósil*, un remanente evolutivo que, literalmente, habita un espacio-tiempo erróneo (Penn 1996; Skotnes 1996; Shepherd 2012). A lo largo de más de un siglo los "estudios bosquimanos" han hecho repetidos esfuerzos por intentar salvar/estudiar/recolectar al último bosquimano "antes de que desaparezca" como parte de un paradigma antropológico de rescate. Este paradigma de rescate es parte de la retórica salvífica de la modernidad. Refractado en la ciencia, y a través de disciplinas como la antropología y la arqueología, opera como un imperativo moral para recolectar y conservar las formas de vida que se representan como obsoletas, aplanadas y en peligro por los implacables procesos de modernización y desarrollo.

En este punto de mi argumento quisiera mencionar dos resultados de los distintos procesos antes descritos en relación a la subalternización de los conocimientos locales. El primero es un proceso de ceguera epistémica en muchas disciplinas por el que las prácticas consideradas como cultura o tradición le resultan invisibles al ojo disciplinario como formas de conocimiento. El segundo es un curioso punto metodológico decisivo por el cual varias disciplinas tienen como objetivo el deseo de capturar, reconsiderar y documentar lo precolonial a través de un marco empírico/archivístico como parte de un proyecto de rescate y recuperación, aunque parten del argumento de que esas ideas y prácticas no forman parte de los mundos contemporáneos (postcoloniales). Desde una posición contraria, en mi trabajo he sugerido que los conocimientos y formas de ser locales llevan una existencia codificada o disfrazada como un conjunto de "fragmentos" en los intersticios de los mundos moderno/coloniales (Shepherd 2015). En muchos casos parte de su intención es la de ser deliberadamente opacos e incomprensibles para la mirada disciplinaria, reconociendo que las disciplinas son parte de un discurso universalista cuyo proyecto es traducir y luego consumir.

Ciencia blanca y cuerpos negros

El proyecto de una *arqueología decolonial* comienza a partir de una comprensión del rol que ha jugado la arqueología como disciplina en los procesos que he descrito: la conquista del espacio y el tiempo, la formación de subjetividades, la *subalternización* de conocimientos locales y el establecimiento de un nuevo orden de cosas. Este rol ha variado según el contexto, avanzando un conjunto de ideas y prácticas y luego otro. Sin embargo, parte de mi argumento es que hay una continuidad reconocible de prácticas a través de los diferentes contextos, impuesta por la lógica de la disciplina.

En África meridional la aparición de la arqueología está indisolublemente ligada a la conquista colonial del territorio y a la presencia en el paisaje de soldados, exploradores, colonos y misioneros europeos. Numerosos relatos de tipos de puntas de proyectil, pinturas rupestres y petroglifos fueron publicados en una variedad de géneros y subliteraturas, principalmente los relatos de viajeros (Deacon 1990). Este interés en las *reliquias* materiales, desarrollado junto a una literatura costumbrista, focalizó a los habitantes y a las formas de vida locales, lo que fue descrito por Coetzee (1988a) como una forma de 'proto-antropología' y por Mary Louise Pratt (1992) como parte de una "conquista de la naturaleza" más amplia. La conquista europea de la naturaleza tomó la forma de un proyecto de designación y clasificación. Siguiendo la publicación del esquema de Linneo viajeros como el naturalista sueco Anders Sparrman recorrieron el interior de África meridional para recolectar y nombrar especímenes.

Entre 1870 y 1920 se publicaron en revistas metropolitanas, como las *Proceedings of the Society of Antiquaries* y el *Journal of the Anthropological Institute*, alrededor de 50 artículos sobre temas antropológicos generales. El periodo desde principios de la década de 1920 hasta fines de la de 1940 fue formativo para la arqueología en África meridional porque vio la localización e institucionalización de la arqueología como proyecto disciplinario, como parte de un proceso mayor que ha sido descrito como "sudafricanización de la ciencia" (Dubow 2006). En 1934 se fundó el Servicio Arqueológico como un proyecto de estudio, registro, publicación y popularización arqueológicos auspiciado por el Estado. En 1945 se fundó la South African Archaeological Society y a finales del mismo año se publicó el primer número del *Southern African Archaeological Bulletin*. En este periodo la arqueología sudafricana fue un fenómeno de la sociedad colona blanca. Era desarrollada como una ocupación profesional pero también incluía muchos aficionados. La Sociedad Arqueológica tenía sucursales en cada ciudad importante. Los miembros se reunían los fines de semana y viajaban a las granjas cercanas, donde recolectaban instrumentos de piedra, calcaban pinturas rupestres, asistían a conferencias de arqueólogos profesionales del Servicio Arqueológico y se iban de día de campo entre las reliquias de la prehistoria.

Hice dos planteamientos respecto de la naturaleza de la arqueología como una ciencia colonial en África colonial (Shepherd 2015). Estos también se aplican a contextos más amplios de práctica. El primero concierne a la naturaleza de su intervención en la sociedad colonizadora. He planteado que la arqueología intervenía en la sociedad del periodo de maneras complejas. Como ciencia colonial practicada en el contexto del Imperio Británico la arqueología era una manera de responder a la metrópolis disciplinaria y demostrarle la riqueza del registro arqueológico local y la excelencia de la erudición vernácula. En tanto mirada blanca sobre las historias negras era parte de la conquista colonial del espacio y el tiempo. Daba a su audiencia colona una manera de involucrarse con los paisajes y *socialidades* africanos sin tener que involucrarse con el pueblo africano. Más sutilmente, era una manera de construir un *habitus*. En *White writing* [*Escritura blanca*] Coetzee (1988b) escribió sobre una ansiedad duradera en la tradición literaria de los colonos con respecto a los derechos al territorio. Esos derechos estaban basados en historias recientes de conquista colonial y desposesión y esa ansiedad podría exponerse como una pregunta: "¿con qué derecho llamo hogar a este lugar?". La arqueología ofrecía a sus entusiastas aficionados y profesionales un acceso especial al paisaje mediante su habilidad para "leer el lenguaje de la piedra y el hueso". Ello, a su vez, fue la base de un tipo particular de derecho: un derecho de pertenencia basado en un derecho al conocimiento.

Mi segundo argumento es que la arqueología del periodo era practicada como una forma de ciencia racial. Con esto quiero ir más allá de la idea de que la arqueología era una forma de ciencia practicada en los contextos *racializados* del colonialismo y, después, del apartheid; quiero decir que la arqueología era una forma de ciencia para la cual la raza era una idea organizadora. La construcción de tipologías raciales fue dirigida por energías significativas. Los restos de esqueletos humanos, especialmente los cráneos, fueron una categoría de evidencia preciada porque contribuían a la construcción de esas tipologías (Legassick y Rassool 1999). Un método estándar de excavación incluía profundas trincheras al fondo de las cuevas, donde era probable la localización de entierros humanos (Shepherd 2015). Los cuerpos negros, tanto vivos como muertos, fueron objeto de intensa especulación e interés científicos (Rassool y Hayes 2002). En la mirada arqueológica no eran valorizados como portadores de conocimiento y cultura sino por su materialidad, literalmente como *especímenes*. La formulación comprimida de esta relación está contenida en la frase *ciencia blanca y cuerpos negros*. Esto necesita ser desempaquetado de la siguiente manera. No es una cuestión de *blancura* y *negritud* biológicas esenciales, tal como lo supondrían los discursos racistas históricos y contemporáneos. La *blancura* se convierte en una nueva identificación hegemónica en términos de una *colonialidad* emergente del poder y del ser. La blancura se vuelve una de las maneras como los seres del lado dominante de la diferencia colonial naturalizan su propio derecho. La ciencia se vuelve uno de los modos de acceso a la *blancura* y los delantales blancos y espacios asépticos del laboratorio disciplinario se vuelven poderosos sitios epistémicos *performativos*. La *negritud* se refiere a la construcción de seres en el lado subalterno de la diferencia colonial. Ser *negro* es ser objetivado y puesto a disposición de la mirada científica. También es existir, principalmente, como cuerpo más que como mente. La arqueología como ciencia disciplinaria sucede en el espacio epistémico construido entre la *blancura* de la ciencia y la *negrura* de los cuerpos entregados al escrutinio, la recolección y la curaduría.

Uno de los tropos de la arqueología, cultivado desde sus inicios, es la idea de que es una actividad poco mundana, vinculada al pasado profundo y desconectada de los intereses sociales y políticos. En muchos contextos el caso ha sido exactamente el opuesto. Como proyecto de conocimiento y conjunto de prácticas la arqueología ha intervenido en tres esferas de actividad que llegan al corazón de las economías políticas colonial y postcolonial. La primera ha sido la relación con la tierra a través de la necesidad de acceder a sitios en el paisaje. La segunda ha sido la relación con el trabajo a través de la necesidad de trabajar en esos sitios. La tercera ha sido la relación de propiedad y control llevada a cabo a través de los reclamos arqueológicos sobre el patrimonio cultural, los reclamos contrarios de grupos descendientes y el terreno cuasi legal del comercio de antigüedades. El resultado es una disciplina que ha estado estrechamente ligada a un conjunto de intereses sociales y políticos contemporáneos, incluso si rutinariamente ha presentado una imagen de estar en otro mundo, desconectada.

El conocimiento del pasado a través de los restos materiales

La sección anterior esquematiza un campo general de implicancia de la arqueología en contextos moderno/coloniales de práctica. En esta sección quiero profundizar considerando la intervención epistemológica específica hecha por la arqueología como un tipo particular de proyecto de conocimiento. Organizaré la primera parte de esta discusión alrededor de una frase que describe los objetivos y alcances de la disciplina y que sirve como su definición estándar en los textos universitarios. Debo parte de esta discusión a una conversación que sostuve con Alejandro Haber a lo largo de cinco días en 2008, al comienzo de nuestra colaboración (Haber 2007, 2009c). La frase es la siguiente: la arqueología es "el estudio del pasado a través de restos materiales" (una versión alternativa sería: la arqueología es "el conocimiento del pasado a través de restos materiales"). Tomando por separado las tres partes de la frase (el estudio, el pasado, los restos materiales) podemos expandirlas de la siguiente manera. Primero, el estudio de (o el conocimiento de) establece nuestra relación con el tiempo del pasado y con la materialidad del pasado en el presente como una relación de conocimiento (Haber 2009c). Es decir, la establece como una relación de conocimiento a expensas de, o en lugar de, otros tipos de relaciones que son posibles en este caso: reacciones que incluyen elementos de imaginación o deseo, reacciones afectivas y personales, reacciones que involucran nuestra identidad o estar en el mundo y cualquier combinación de ellas. Además, al establecer esta relación como principalmente una relación de conocimiento también, y simultáneamente, cancela la validez de (o degrada) estas otras relaciones, ubicándolas bajo un conjunto de encabezamientos diferentes: cultura, tradición, patrimonio o estética. Otra distinción que se aplica a muchas formas de arqueología disciplinaria es que el conocimiento es concebido dentro de un marco estrechamente positivista y es pensado como un conocimiento principalmente técnico y empírico (en lugar de, por ejemplo, conocimiento analítico o crítico). El resultado es una forma peculiarmente "delgada" y atenuada de escritura disciplinaria que he llamado "descripción desnuda" (Shepherd 2015). Esta descripción desnuda toma la riqueza, densidad y variedad de las respuestas humanas a la materialidad del pasado en el presente y la vuelve un lenguaje técnico alienado, focalizado en los "datos" empíricos.

La segunda parte de la frase, el pasado, (como en el estudio del pasado), establece el pasado como un objeto de estudio separado del presente, que se convierte en el espacio-tiempo del yo disciplinario. La dirección de la mirada es desde el *presente* hacia el *pasado*. Conocer el pasado en estos términos es dirigir la mirada desde un lugar invisible (el presente actúa aquí como un punto cero) hacia un lugar que es objetivado y, por consiguiente, cognoscible. La mente, los ojos que ven, la mano que sostiene el paletín, hacen el viaje epistemológico al espacio-tiempo del pasado para desarrollar su trabajo de investigación. Todo lo demás —el cuerpo, el afecto, los sentidos y el yo social y políticamente situado— es dejado atrás como equipaje en exceso. Esto produce una de las paradojas de la disciplina: la arqueología —probablemente la disciplina que más involucra a los sentidos y en la que muchos actos de excavación implican una inmersión total en la materialidad del pasado— es desarrollada e informada como una forma de práctica curiosamente descorporizada en la que el cuerpo y el ser del excavador no tienen relevancia (Haber 2008).

La tercera parte de la frase —restos materiales— hace dos cosas. Primero, establece que el conocimiento del pasado llega a través de fuentes materiales en lugar de fuentes no materiales como la memoria, la experiencia y las nociones de descendencia (Haber 2007, 2009c, 2012). Cuando se recuperan cuestiones de descendencia estas son consideradas solo en sus aspectos materiales (por ejemplo, en la investigación de ADN mitocondrial) más que como formas de identidad social. En segundo lugar, la expresión restos materiales establece la materialidad del pasado como *restos*: es decir, restos antes que objetos sagrados, ancestros, seres o dioses. De esta manera los hace disponibles para cierto tipo de escrutinio e intervención. Esto es más que un acto de secularización; también es la cancelación de una relación vivida con el pasado que existe fuera de la relación de conocimiento disciplinario. Más adelante, en la sección sobre violencia epistémica discutiré la particular forma de violencia que implica este acto de categorización y designación. Así, la disciplina arqueológica establece los parámetros para un cierto tipo de encuentro con la idea del pasado y la materialidad del pasado en el presente. Al mismo tiempo afirma que esta forma de respuesta disciplinaria es la única que tiene el estatus de seriedad de conocimiento, consignando otras respuestas a un conjunto degradado de etiquetas ("arte", "emoción", "cultura" o "tradición").

La arqueología devora a los ancestros

Esto nos trae a un tema clave en la comprensión de la contribución particular que la arqueología ha hecho a los mundos moderno/coloniales: su relación con el destino de los muertos ancestrales. En África meridional, como en muchas partes del mundo, la relación con los ancestros ha sido una parte muy importante, incluso central, de los mundos de vida históricos y sigue siendo una parte importante de los mundos de vida contemporáneos. Para mucha gente la conversación con los ancestros forma parte de la vida cotidiana y la coexistencia de los ancestros condiciona las posibilidades del presente y del futuro

(Chidester 1992; Kopytoff 1997). Los ancestros están aquí en un doble sentido: como una idea no corpórea, generalmente evocada mediante prácticas de designación y genealogía, y como restos corpóreos en el suelo. La presencia de los ancestros en el suelo desempeñó (y desempeña) un rol social complejo; ofrece un marco material para las nociones de coexistencia y actúa como una forma de garantía. Esta garantía funciona en dos sentidos: como garantía de los derechos al territorio y como garantía de la continuidad de las formas de vida (Shepherd 2015). En términos históricos el rol desempeñado por la arqueología en esos contextos ha sido bastante específico. En territorios recientemente abiertos —es decir, en territorios recientemente abiertos a la mirada arqueológica a través de la conquista colonial— uno de los actos fundacionales de la arqueología ha sido la exhumación y extracción de restos humanos ancestrales en nombre de la ciencia. Luego esos restos son sometidos a la mirada disciplinaria y al régimen de curaduría del museo. Una vez más, la intervención es bastante específica y consiste en substituir un tipo de derecho por otro: un derecho de conocimiento promovido sobre y contra un derecho de soberanía y continuidad de formas de vida. Esta es una forma de captura epistémica de los muertos ancestrales que Alejandro Haber y yo hemos formulado como "la arqueología devora a los ancestros". Toma la forma de una relocalización física: los muertos ancestrales son recogidos y transportados desde una multiplicidad de sitios en el paisaje hacia un puñado de repositorios en los museos. Pero también toma la forma de un acto de trasvalorización y recontextualización en la medida en que los restos humanos de los muertos son sometidos a un conjunto nuevo y diferente de protocolos y prácticas.

Como una manera de conceptualizar este paso de un contexto y un conjunto de protocolos a otros he creado la expresión "regímenes de cuidado" (Shepherd 2015) que combina dos nociones foucaultianas clave: "régimen de verdad" y "cuidado del yo" (Foucault 1986, 1995). Podríamos imaginar un escenario que incluye un régimen de *cuidado de la vida* en el cual el difunto amado es cubierto de ocre, vestido con collares de cuentas de cáscara de huevo de avestruz y enterrado de lado sobre camadas de hierbas marinas (*Zostra capensis*) junto a unas pocas posesiones atesoradas, como sucedió en la cueva Oakhurst en la costa del Cabo meridional (Shepherd 2015). Esto contrasta con un régimen de cuidado en el cual el muerto es primero expuesto por la excavación, luego numerado, dibujado, fotografiado, embolsado, embalado, transportado, conservado, medido y analizado, utilizando diversos medios arqueométricos, físicos y químicos. Una imagen poderosa y recurrente en los regímenes disciplinarios de cuidado es la imagen de la caja de cartón. Los depósitos arqueológicos del Museo Sudafricano, por ejemplo, albergan unas 10.000 cajas de material; unas 1000 de ellas contienen restos humanos. Las hileras ordenadas de cajas de cartón en las estanterías de metal del depósito arqueológico hablan de una particular concepción del conocimiento, organizada alrededor de prácticas de recolección, curaduría y clasificación.

Una idea clave que informa los regímenes disciplinarios de cuidado es la noción de aislamiento o contención o, siguiendo a Derrida (1996), de "consignación". Los restos humanos provenientes de África meridional y de regiones tan alejadas como Australia son llevados a una localización central y sometidos a nuevas formas de control disciplinario/administrativo. En el ambiente de temperatura controlada del depósito del museo el tiempo queda suspendido. Los discursos modernos sobre "conservación" y "preservación" intervienen para detener los procesos de decaimiento físico e introducen una versión secular de "eternidad" en lugar de nociones sagradas de coexistencia y unión con la tierra. Los objetivos de estos regímenes rivales de cuidado —regímenes de cuidado de la vida y regímenes disciplinarios de cuidado— son bastante diferentes. Los regímenes de cuidado de la vida refuerzan y engrosan los lazos afectivos y los lazos que ligan los mundos de los vivos y de los muertos. Los regímenes disciplinarios de cuidado hacen dos cosas: primero seccionan estos lazos a través de prácticas de extracción y aislamiento; luego los restablecen, secundariamente, como una relación de conocimiento mediada por los expertos disciplinarios y administrada y controlada por las instituciones estatales y una plétora de discursos ("ciencia", "patrimonio", "memoria"). Este doble movimiento (seccionar los lazos existentes y restablecerlos, secundariamente, a través de las disciplinas) es característico de los conocimientos y relaciones espacio-temporales moderno/coloniales y se repite en una cantidad de contextos, como vimos.

Violencia epistémica

Estos diversos "movimientos" y procesos implican un tipo particular de violencia que yo llamaría violencia epistémica, asociada con prácticas y formas de conocimiento particulares (Castro-Gómez 2002; Haber 2015; Shepherd 2015). Foucault (1972) describió el discurso como una violencia que ejercemos sobre las cosas. Gayatri Spivak (1988) desarrolló una noción de violencia epistémica que se refiere a la recategorización forzada de los fenómenos en una episteme extraña e indolente. Mi uso desplaza la atención desde una noción de discurso a una noción de disciplina y a algunas de sus prácticas, procedimientos y protocolos. Como primer paso para desarrollar el tema de la arqueología y la violencia epistémica propongo que las formas de la violencia epistémica asociadas con la disciplina son de tres tipos: una violencia de objetivación, una violencia de extirpación (o corte) y una violencia de alienación. En el primer tipo un objeto epistémico es señalado, aislado, extraído de un conjunto de conexiones e interrelaciones circundantes. Esto frecuentemente incluye la invención de categorías (como "pasado", "bosquimanos", "Edad de Piedra"). También incluye la designación de sitios en el paisaje y la identificación de nodos de significación. Este seccionamiento o señalamiento de fenómenos los extrae de una red interconectada de relaciones. También crea o inventa coherencia. Pone los objetos a disposición de formas intensas de escrutinio e "hiperfocalización". También promueve la noción de que dichos objetos disciplinarios pueden ser estudiados por derecho propio, sin referencia a los fenómenos relacionados. En su lógica reduccionista esta práctica de objetivación es semejante a la lógica binaria de la modernidad, una arquitectura conceptual que reduce la complejidad y variedad de historias y formas de vida a un conjunto de categorías simples y opuestas.

Una segunda forma de violencia epistémica es la violencia de extirpación o corte. Este es el proceso en el que los fenómenos son extirpados de un contexto y conjunto de relaciones y ubicados en otro conjunto (diferente, alternativo) de relaciones. En arqueología el acto de extirpación generalmente comienza con la disposición de una grilla que establece un nuevo conjunto de relaciones espacio-temporales: el mundo "interno" de la excavación. Estas nuevas relaciones se expresan a través de conjuntos de coordenadas y los detalles de la estratigrafía. En la mano del arqueólogo el paletín se vuelve un instrumento de extirpación, diseccionando y dividiendo el depósito mientras el arqueólogo desarrolla la compleja tarea de desentrañar los procesos de la formación del sitio. La violencia de la extirpación puede ser ilustrada con referencia al destino del muerto enterrado. En la cueva Oakhurst, por ejemplo, los muertos son extraídos (extirpados) de un contexto y conjunto de relaciones y ubicados en otro conjunto de relaciones marcado por el empirismo, el escrutinio desapasionado y la geometría abstracta de las tipologías del museo.

La tercera y más abarcadora forma de violencia es la violencia de la alienación, que secciona los fenómenos de los reclamos arraigados y las historias locales y los entrega a la historia y el conocimiento universales. En este sentido la arqueología actúa como una forma de discurso global, traduciendo las lógicas y regímenes locales de cuidado a los términos de la disciplina. También reclama prioridad epistémica. Conocer algo es conocerlo en los términos de la disciplina (Haber 2015). En su aspecto práctico opera como una forma de derecho sobre las formas de vida y sitios en el paisaje y requiere que cedan a las exigencias de la ciencia. Esto es cierto, incluso —o especialmente—, ante exigencias contrarias. Este movimiento va de lo local y particular hacia lo "universal", una falsa universalidad que consiste en la globalización y normalización de las relaciones espacio-temporales, las ontologías y las epistemologías Occidentales. Representado como moderno, en una teleología que describe la modernidad Occidental como un destino humano universal, describe como "tradicionales" otras maneras de conocer y ser en el mundo; en otras palabras, no como parte de la vida contemporánea y, como los bosquimanos de Sudáfrica, destinados a la extinción.

Referencias citadas

Abungu, George y Loma Abungu
   1998   Saving the past in Kenya: urban and monument conservation. *African Archaeological Review* 15: 221-224.

Agorsah, Kofi
   1990   Ethnoarchaeology: the search for a self-corrective approach to the study of a past human behaviour. *African Archaeological Review* 8: 189-208.
   1996   The Archaeology of the African Diaspora. *African Archaeological Review* 13: 221-224.

Andah, Bassey
   1995a   European encumbrances to the development of relevant theory in African archaeology. En *Theory in archaeology: a world perspective*, editado por Peter Ucko, pp 96-109. Routledge, Londres.
   1995b   The theory and practice of African archaeology: a critical reflection. *West African Journal of Archaeology* 25: 89-111

Andah, Bassey, Alexis Adande, Adebayo Folorunso y Obare Bagodo
   1994   African archaeology in the 21st century; or, Africa, cultural puppet on a string? *West African Journal of Archaeology* 24: 152-159.

Andah, Bassey y Obare Bagodo
   1993   Research and theory in archaeology since the 1960s: an assessment of the African especially West African scene. *West African Journal of Archaeology* 22: 1-23.

Anónimo
   1928   The Fish Hoek excavations. *Cape Times*, marzo 3.
   1990   Editorial: involvement and relevance. *African Archaeological Review* 8: 1-2

2007 War profiteer of the month: Rio Tinto Alcan. *War Resister's International.*

Appadurai, Arjun
1996 *Modernity at large.* University of Minnesota Press, Minneapolis.

Appiah, Kwame Anthony
1992 *In my father's house. Africa in the philosophy of culture.* Methuen, Londres.

Atherton, John
1983 Ethnoarchaeology in Africa. *African Archaeological Review* 1: 75-104.

Atkinson, John, Iain Banks y Jerry O'Sullivan (Editores)
1996 *Nationalism and archaeology: Scottish Archaeological Forum.* Cruithne Press, Glasgow.

Bapty Ian y Tim Yates (Editores)
1990 *Archaeology after structuralism: post-structuralism and the practice of archaeology.* Routledge, Londres.

Barthes, Roland
2000 *Camera lucida: reflections on photography.* Vintage, Londres.

Bernal, Martin
1991 *Black Athena: the afroasiatic roots of classical civilization.* Free Association Books, Londres.

Bhabha, Homi
1994 *The location of culture.* Routledge, Nueva York.

Biko, Steve
1978 *I write what I like.* Rowerdean Press, Londres.

Bleek, Wilhelm
1873 Report of Dr. Bleek concerning his researches into the Bushman language and customs. Presented to the Honourable House of Assembly by command of his Excellency the Governor. House of Assembly, Ciudad del Cabo.
1875 A Brief Account of Bushman Folk-lore and Other Texts: Second Report concerning Bushman Researches presented to both Houses of Parliament of the Cape of Good Hope. Houses of Parliament, Ciudad del Cabo.

Bourdieu, Pierre
    1984   *Distinction: a social critique of the judgement of taste.* Harvard University Press, Cambridge.

Boym, Svetlana
    2001   *The future of nostalgia.* Basic Books, Nueva York.

Branch, Jordan
    2014   *The cartographic State: maps, territory and the origins of sovereignty.* Cambridge University Press, Cambridge.

Brantlinger, Patrick
    1998   *Rule of darkness. British literature and imperialism, 1830-1914.* Cornell University Press, Ithaca.

Brent, Michael
    1996   A view inside the illicit trade in African antiquities. En *Plundering Africa's past,* editado por Peter Schmidt y Roderick McIntosh, pp 63-78. Indiana University Press, Bloomington.

Bruwer, Andries
    1965   *Zimbabwe: Rhodesia's ancient greatness.* Heartland, Johannesburgo.

Burkitt, Miles
    1928   *South Africa's past in stone and paint.* Cambridge University Press, Cambridge.

Castells, Manuel
    1996   *The information age: economy, society and culture. Volumen 1: The rise of the network society.* Blackwell, Oxford.
    1997   *The information age: economy, society and culture. Volumen 2: The power of identity.* Blackwell, Oxford.
    1998   *The information age: economy, society and culture. Volumen 3: End of millennium.* Blackwell, Oxford.
    2010   *The power of identity.* Blackwell, Oxford.

Castree, Noel y Derek Gregory (Editores)
    2006   *David Harvey: a critical reader.* Blackwell, Oxford.

Castro-Gomez, Santiago
    2002a   The social sciences, epistemic violence and the problem of the "invention of the other". *Nepantla: Views from the South* 3(2): 269-286.

2002b   Not longer broad but still alien in the world: the end of modernity and the transformation of culture in the times of globalization. En *Latin American perspectives on globalization: ethics, politics and alternative voices*, editado por Mario Sáenz, pp 25-39. Rowan and Littlefield, Boulder.

Caton-Thompson, Gertrude
    1931   *The Zimbabwe culture: ruins and reactions*. Clarendon Press, Oxford.

Chaplin, Charles
    1936   *Modern times*. United Artists.

Chidester, David
    1992   *Religions of South Africa*. Routledge, Oxford.

Clifford, James y George Marcus (Editores)
    1986   *Writing culture: the poetics and politics of ethnography*. University of California Press, Berkeley.

Clingman, Stephen
    1986   *The novels of Nadine Gordimer: history from the inside*. Ravan, Johannesburgo.

Coetzee, John Maxwell
    1988a   Idleness in South Africa. En *While writing: on the culture of letters in South Africa*, pp 12-35. Yale University Press, New Haven.
    1988b   *White writing. On the culture of letters in South Africa*. Radix-Yale University Press, Londres-New Haven.
    1991   The mind of apartheid: Geoffrey Cronje (1907-). *Social Dynamics* 17: 1-35.

Comaroff, Jean y John Comaroff
    2006   Reflections on liberalism, policulturalism and ID-ology: citizenship and difference in South Africa. En *Limits to liberation after apartheid. Citizenship, governance and culture*, editado por Steven Robins, pp 33-56. James Currey, Oxford.

Comaroff, John y Jean Comaroff
    2008   Ethnicity. En *New South African keywords*, editado por Nick Shepherd y Steven Robins, pp 79-90. Jacana-Ohio University Press, Johannesburgo Athens.
    2009   *Ethnicity Inc*. University of KwaZulu-Natal Press, Scottsville.

Cox, Glenda
    1999   Cobern Street burial ground: investigating the identity and life histories of the underclass of eighteenth century Cape Town. Tesis de Maestría, University of Cape Town, Ciudad del Cabo.

Crais, Clifton y Pamela Scully
    2009   *Sarah Baartman and the hottentot venus: a ghost story and a biography.* Princeton University Press, Princeton.

Dale, Langham
    1870a   Stone implements in South Africa. *Cape Monthly Magazine* 1: 236-239.
    1870b   Stone implements in South Africa. *Cape Monthly Magazine* 1: 365-366.

Davids, Mogamat Noor
    2003   Fax from Imam Davids to Antonia Malan. Ciudad del Cabo.

Deacon, Hilary John
    1988   Guest editorial: what future has archaeology in South Africa? *South African Archaeological Bulletin* 43: 3-4.

Deacon, Hilary John y Janette Deacon
    1999   *Human beginnings in South Africa. Uncovering the secrets of the Stone Age.* David Philip, Ciudad del Cabo-Johannesburgo.

Deacon, Janette
    1986   Editorial. *South African Archaeological Bulletin* 41: 4.
    1990   Weaving the fabric of Stone Age research in Southern Africa. In *A history of African archaeology*, editado por Peter Robertshaw, pp 39-58. James Currey, Londres.

Deacon, Janette y Mike Wilson
    1992   Peers Cave, "The cave the world forgot". *The Digging Stick* 9(2): 2-5.

Dean, Amy, Paul Hartmann y May Katzen
    1983   *History in black and white: an analysis of South African school history textbooks.* UNESCO, París.

De Barros, Philip
    1990   Changing paradigms, goals and methods in the archaeology of francophone West Africa. En *A history of African archaeology*, editado por Peter Robertshaw, pp 155-172. James Currey, Londres.

Deetz, James
    1977   *In small things forgotten: the archaeology of early American life*. Anchor Doubleday, Garden City.

De Maret, Pierre
    1990   Phases and facies in the archaeology of Central Africa. En *A History of African Archaeology*, editado por Peter Robertshaw, pp 109-135. James Currey, Londres.

Derrida, Jacques
    1986   Racism's last word. En *Race, writing and difference*, editado por Henry Gates, pp 329-338. University of Chicago Press, Chicago.
    1994   *Specters of Marx: the state of debt, the work of mourning, and the new International*. Routledge, Londres.
    1996   *Archive fever: a freudian impression*. University of Chicago Press, Chicago.

Díaz-Andreu, Margarita y Timothy Champion (Editores)
    1996   *Nationalism and archaeology in Europe*. University College London Press, Londres.

Diop, Cheikh Anta
    1974   *The African origin of civilization: myth or reality*. Lawrence Hill, Chicago.
    1979   *Nations, negres et culture*. Présence Africaine, París.
    1981   Origin of the ancient Egyptians. En *Unesco general history of Africa II: Ancient civilizations of Africa*, editado por Muhammad Mokhtar, pp 27-57. Heinemann, Los Angeles.
    1989   *The cultural unity of Black Africa: the domains of patriarchy and of matriarchy in classical antiquity*. Karnak House, Londres.
    1996   *Towards the African Renaissance: essays in African culture and development 1946-1960*. Karnak House, Londres.

Dogon, Denise y Gail Gavrill
    2005   *The Rockwell: luxury De Waterkant living*. Dogon Gavrill Properties, Ciudad del Cabo.

Dorfman, Ariel
    1998   *Heading south, looking north*. Hodder and Stoughton, Londres.

Dubow, Saul
    1996   Human origins, race typology and the other Raymond Dart. *African Studies* 55(1): 1-30.
    2006   *A commonwealth of knowledge. Science, sensibility, and white South Africa, 1820-2000*. Oxford University Press, Oxford.

Dunn, Edward
    1880   Stone implements of South Africa. *Transactions of the South African Philosophical Society* 2: 6-22.
    1905   Presidential address, Section H. British Association for the Advancement of Science (South Africa).

Eagleton, Terry
    1983   *Literary theory: an introduction*. Basil Blackwell, Oxford.

Edney, Matthew
    1997   *Mapping an empire: the geographical construction of British India, 1765-1843*. University of Chicago Press, Chicago.

Edwards, Elizabeth
    2001   *Raw histories: photographs, anthropology and museums*. Berg, Oxford.

Elkana, Yehuda
    1981   A programmatic attempt at an anthropology of knowledge. *Sociology of the Sciences Yearbook* 5: 1-76.

Elphick, Richard
    1977   *Kraal and castle. Khoikhoi and the founding of white South Africa*. Yale University Press, New Haven.

Elphick, Richard y Hermann Giliomee
    1989   *The shaping of South African society, 1652-1840*. Maskew Miller Longman, Ciudad del Cabo.

Ernsten, Chris
  2006 *Stylizing Cape Town: problematizing the heritage management of Prestwich street*. University of Cape Town, Ciudad del Cabo.
Escobar, Arturo
  2008 *Territories of difference: place, movements, life, redes*. Duke University Press, Durham.
Esterhuysen, Amanda y Jeannette Smith
  1998 Evolution: the forbidden word? *South African Archaeological Bulletin* 53: 135-137.
Fabian, Johannes
  1983 *Time and the Other: how anthropology makes its objects*. Columbia University Press, Nueva York.
Fanon, Frantz
  1967 *The wretched of the Earth*. Penguin, Harmondsworth.
Fotiadis, Michael
  1993 Regions of the imagination: archaeologists, local people and the archaeological record in fieldwork, Greece. *Journal of European Archaeology* 1: 151-170.
Foucault, Michel
  1965 *Madness and civilization: a history of insanity in the Age of Reason*. Vintage, Nueva York.
  1972 *The archaeology of knowledge and the discourse on language*. Pantheon, Nueva York.
  1975 *The birth of the clinic: an archaeology of medical perception*. Vintage, Nueva York.
  1986 *The history of sexuality. Tomo 3: The care of the self*. Random House, Nueva York.
  1995 *Discipline and punish: the birth of the prison*. Vintage, Nueva York.
  2001 *The archaeology of knowledge*. Routledge, Londres.
Garlake, Peter
  1982 Prehistory and ideology in Zimbabwe. *Africa* 52: 1-19.
Gates, Henry Louis
  1999 *Wonders of the African world*. Knopf, Nueva York.
Gawe, Stephen y Francis Meli
  1990 The missing past in South African history. En *The excluded past: archaeology in education*, editado por Peter Stone y Robert Mackenzie, pp 99-108. Unwin Hyman, Londres.

Gayre, Robert
- 1972 *The origins of the Zimbabwe civilization*. Galaxie Press, Salisbury.

Giddens, Anthony
- 1981 *A contemporary critique of historical materialism: power, property and the State*. Macmillan, Londres.
- 2009 *The politics of climate change*. Polity Press, Cambridge.

Goodwin, John
- 1935 A commentary on the history and present position of South African prehistory with full bibliography. *Bantu Studies* 9(4): 291-417.
- 1945 *Method in prehistory: an introduction to the discipline of prehistoric archaeology with special reference to South African conditions*. South African Archaeological Society, Ciudad del Cabo.
- 1946 *The loom of prehistory: a commentary and select bibliography of the prehistory of Southern Africa*. South African Archaeological Society, Ciudad del Cabo.
- 1947 Editorial: the training of archaeologists. *South African Archaeological Bulletin* 2: 97.
- 1950a Editorial (Obituary notice, General Jan Smuts). *South African Archaeological Bulletin* 5: 125.
- 1950b Editorial notes and news. *South African Archaeological Bulletin* 5: 41-42.
- 1950c Editorial notes and news. *South African Archaeological Bulletin* 5: 1-3
- 1958 Formative years of our prehistoric terminology. *South African Archaeological Bulletin* 13: 25-33.
- 1937 Archaeology of Oakhurst Shelter, George. *Transactions of the Royal Society of South Africa* 25: 228-324.

Goodwin, John (Editor)
- 1935 *This Africa*. Maskew Miller, Ciudad del Cabo.

Goodwin, John y Piet van Riet-Lowe
- 1929 *The Stone Age cultures of South Africa*. Trustees of the South African Museum, Ciudad del Cabo.

Gordimer, Nadine
- 1956 *Six feet of the country: short stories*. Gollancz, Londres.

1974 *The conservationist*. Jonathan Cape, Londres.
Gosling, Melanie
    2004   Exhumation of Prestwich street skeletons has been given go-ahead, says developer. *Cape Times*.
    2005   UCT students exasperated as Sahra blocks bones study. *Cape Times*.
Grosfoguel, Ramón
    2007   The epistemic decolonial turn. *Cultural Studies* 21(2): 211-223.
Haber, Alejandro
    2007   This is not an answer to the question "Who is Indigenous?" *Archaeologies* 3(3): 213-229.
    2008   La palabra es "mundial". *Arqueología Suramericana* 4(2): 116-121.
    2009a   Locality, hegemony and WAC: a reply to Iacono. *Present Pasts* 1: 40-45.
    2009b   Localizing the global: a framework for discussing WAC's problems and promise. *Present Pasts* 1: 1-6.
    2009c   Animism, relatedness, life: post-western perspectives. *Cambridge Archaeological Journal* 19: 418-30.
    2012   Un-disciplining archaeology. *Archaeologies* 8(1): 55-66.
    2015   Archaeology and capitalist development: lines of complicity. En *Ethics and archaeological praxis*, editado por Cristóbal Gnecco y Dorothy Lippert, pp 95-113. Springer, Nueva York.
Habermas, Jürgen
    1987   *The philosophical discourse of modernity: twelve lectures*. MIT Press, Cambridge.
Hall, Martin
    1984   The burden of tribalism: the social context of Southern African Iron Age studies. *American Antiquity* 49: 455-467.
    1989   Contract archaeology in South Africa. *South African Archaeological Bulletin* 44: 63-64.
    1990   "Hidden history": Iron Age archaeology in Southern Africa. En *A history of African archaeology*, editado por Peter Robertshaw, pp 59-77. James Currey, Londres.

1995 The legend of the Lost City; or, the man with golden balls. *Journal of Southern African Studies* 21: 179-199.
1996 *Archaeology Africa*. David Philip, Ciudad del Cabo.
1997 The transformations and future of South African archaeology. *WAC News: the World Archaeological Congress Newsletter* 5: 5-6.
2000 *Archaeology and the modern world. Colonial transcripts in South Africa and the Chesapeake*. Routledge, Londres.
2002 Going local? The World Archaeological Congress and effective action. *World Archaeological Bulletin* 15: 1-9.

Hall, Martin y Pia Bombardella
2005 Las Vegas in Africa. *Journal of Social Archaeology* 5(1): 5-25.

Hall, Stuart y Paul du Gay (Editores)
1996 *Questions of cultural identity*. Sage, Londres.

Hall, Stuart, David Held y Tony McGrew (Editores)
1992 *Modernity and its futures*. Polity Press-Open University, Cambridge.

Hamilakis, Yannis
2003 Iraq, stewardship and "the record". an ethical crisis for archaeology. *Public Archaeology* 3: 104-111.

Hardt, Michael y Antonio Negri
2000 *Empire*. Harvard University Press, Cambridge.
2004 *Multitude: war and democracy in the age of empire*. Penguin Books, Nueva York.
2009 *Commonwealth*. Belknap/Harvard, Cambridge.

Harvey, David
2001 *Spaces of capital: towards a critical geography*. Routledge, Oxford.
2005 *Spaces of neoliberalization: towards a theory of uneven geographical development*. Franz Steiner Verlag, Stuttgart.

Hassan, Fekri
1999 African archaeology; the call of the future. *African Affairs* 98: 393-406.

Hayes, Patricia, Jeremy Silvester y Wolfram Hartmann
    2001   Photography, history and memory. En *The colonising camera: photographs in the making of Namibian history*, editado por Wolfram Hartmann, Jeremy Silvester y Patricia Hayes, pp 2-9. University of Cape Town Press, Ciudad del Cabo.

Hinz, Manfred
    1990   The right to a past: Namibian history and the struggle for national liberation. En *The excluded past*, editado por Peter Stone y Robert Mackenzie, pp 61-67. Unwin Hyman, Londres.

HOC
    2003   Apelación enviada por el Comité La Calle Prestwich No Se Toca. Ciudad del Cabo.

Hodder, Ian
    1982a   *Symbolic and structural archaeology*. Cambridge University Press, Cambridge.
    1982b   *Symbols in action*. Cambridge University Press, Cambridge.
    1987   Bow ties and pet foods: material culture and the negotiation of change in British industry. In *The Archaeology of contextual meanings*, editado por Ian Hodder, pp 11-19. Cambridge University Press, Cambridge.
    1989   Writing archaeology: site reports in context. *Antiquity* 63: 268-274.
    1994   *Reading the past: current approaches to interpretation in archaeology*. Cambridge University Press, Cambridge.
    1995   *Interpreting archaeology: finding meaning in the past*. Routledge, Londres.
    1997   "Always momentary, fluid and flexible": towards a reflexive excavation methodology. *Antiquity* 71: 691-700.

Hodder, Ian (Editor)
    1987   *The archaeology of contextual meanings*. Cambridge University Press, Cambridge.

Holl, Augustin
    1990   West African archaeology: colonialism and nationalism. En *A history of African archaeology*, editado por Peter Robertshaw, pp 296-308. James Currey, Londres.

Ibekwe, Chinweizu
  1987   *Decolonising the African mind.* Pero Press, Lagos.
Inskeep, Ray
  1961   The present state of archaeology in South Africa. *Southern African Museums Association* VII(10): 225-229.
  1970   Editorial. *South African Archaeological Bulletin* 25: 83.
Isaac, Glynn
  1985   Ancestors for us all: towards broadening international participation in paleoanthropological research. En *Ancestors, the hard evidence: proceedings of the symposium held at the American Museum of Natural History April 6-10, 1984,* editado por Eric Delson, pp 346-351. Alan R Liss, Nueva York.
Jager, Herman Scott
  1941   *Guide to the Peers Cave (Skildergat), the home of the ancient man at Fish Hoek.* Fish Hoek Municipality, Fish Hoek.
Johnson, James Paul
  1907   Note on stone implements from Embabaan Valley. *Man* 7: 54.
Jones, Neville
  1926   *The Stone Age in Rhodesia.* Oxford University Press, Oxford.
Kassiem, Achmat
  2003   Public given time to appeal against moving graves. *Cape Times.*
Kense, François
  1990   Archaeology in anglophone West Africa. En *A history of African archaeology,* editado por Peter Robertshaw, pp 135-154. James Currey, Londres.
Kibunjia, Mzalendo
  1997   The management of archaeological collections and resources in Africa. *African Archaeological Review* 14: 137-141.
Kinahan, John
  1995   Theory, practice and criticism in the history of Namibian archaeology. En *Theory in archaeology,* editado por Peter Ucko, pp 76-95. Routledge, Londres.

Kirschenblatt-Gimblett, Barbara
    1998   *Destination culture. Tourism, museums and heritage.* University of California Press, Berkeley.

Kitchen, Willy
    1998   From Croatia to Cape Town: the future of the World Archaeological Congress. *Antiquity* 72: 747-750.

Kohl, Philip y Clare Fawcett (Editores)
    1995   *Nationalism, politics, and the practice of archaeology.* Cambridge University Press, Cambridge.

Kopytoff, Igor
    1997   Ancestors as elders in Africa. En *Perspectives on Africa: a reader in culture, history and representation*, editado por Richard Grinker y Christopher Steiner, pp 129-142. Blackwell, Hoboken.

Kusimba, Chapurukha
    1996   Archaeology in African museums. *African Archaeological Review* 13: 165-170.

Lalu, Premesh y Brent Harris
    1996   Journeys from the horizons of history: text, trial and tales in the construction of narratives of pain. *Current Writing: Text and Reception in Southern Africa* 8(2): 24-38.

Landau, Paul
    2001   Hunting with gun and camera: a commentary. En *The colonising camera: photographs in the making of Namibian history*, editado por Wolfram Hartmann, Jeremy Silvester y Patricia Hayes, pp 151-155. University of Cape Town Press, Ciudad del Cabo.

Legassick, Martin y Ciraj Rassool
    1999   *Skeletons in the cupboard: museums and the incipient trade in human remains, 1907-1917.* University of the Western Cape, Ciudad del Cabo.

Lewis-Williams, David
    2002   *A cosmos in stone: interpreting religion and society through rock art.* Altamira Press, Walnut Creek.
    2009   *The mind in the cave: consciousness and the origins of art.* Thames and Hudson, Londres.
    2013   *San rock art.* Ohio University Press, Athens.

Lewis-Williams, David y David Pearce
- 2004 *San spirituality: roots, expressions and social consequences.* Altamira Press, Walnut Creek.

Leys, Colin
- 1994 Confronting the African tragedy. *New Left Review* 211: 33-47.

Macamo, Solange
- 1996 The problems of conservation of archaeological sites in Mozambique. En *Aspects of African archaeology*, editado por Gilbert Pwiti y Robert Soper, pp 813-816. University of Zimbabwe Publications, Harare.

MacIver, David
- 1906 *Mediaeval Rhodesia.* Macmillan, Londres.

Malan, Antonia
- 2003 Prestwich Place. Exhumation of accidentally discovered burial ground in Green Point, Cape Town [Permit no. 80/03/06/001/51]. Public Consultation Process 9 June to 18 August 2003. Prepared by Dr Antonia Malan Cultural Sites & Resources Forum for the South African Heritage Resources Agency and the Developer, Cultural Sites and Resources Forum, Ciudad del Cabo.

Malan, Berrie
- 1956 The South African Archaeological Society: ten years of archaeology in South Africa. *South African Archaeological Bulletin* 11: 31-40.
- 1962 Biographical sketch (Clarence van Riet Lowe). *South African Archaeological Bulletin* 17(Supplement): 38-42.
- 1970 Remarks and reminiscences on the history of archaeology in South Africa. *South African Archaeological Bulletin* 25: 88-92.

Maldonado-Torres, Nelson
- 2007 On the coloniality of being: contributions to the development of a concept. *Cultural Studies* 21(2-3): 240-270.
- 2008 *Against war: views from the underside of modernity.* Duke University Press, Chapel Hill.

Mamdani, Mahmood
    1998   Teaching Africa at the post-apartheid University of Cape Town: a critical view of the "Introduction to Africa" core course in the social science and humanities faculty's foundation semester, 1998. *Social Dynamics* 24(2): 1-32.

Marcus, George y Michael Fischer
    1986   *Anthropology as cultural critique: an experimental moment in the human sciences*. University of Chicago Press, Chicago.

Marx, Karl
    1961   *Economic and philosophical manuscripts of 1844*. Foreign Languages Publishing House, Moscú.

Mazel, Aron y Patricia Stewart
    1987   Meddling with the mind: the treatment of San hunter-gatherers and the origins of South Africa's black population in recent South African history textbooks. *South African Archaeological Bulletin* 42: 166-170.

Mbembe, Achille
    2004   Aesthetics of superfluidity. *Public Culture* 16: 373-405.

Mignolo, Walter
    1999   *Local histories/global designs: coloniality, subaltern knowledges and border thinking*. Princeton University Press, Princeton.
    2002   The geopolitics of knowledge and the colonial difference. *South Atlantic Quarterly* 101(1): 57-96.
    2011a   *The darker side of western modernity: global futures, decolonial options*. Duke University Press, Chapel Hill.
    2011b   Epistemic disobedience and the decolonial option. *Transmodernity: Journal of Peripheral Cultural Production of the Luso-Hispanic World* 1(2): 44-66.

Miller, Daniel
    1991   *Material culture and mass consumption*. Basil Blackwell, Oxford.

Moody, Roger
    1992   *Plunder: the story of Rio Tinto-Zinc*. Partizans, Londres.

Morris, Alan
    1996   Trophy skulls, museums and the San. En *Miscast: negotiating the presence of the Bushmen*, editado por Pippa Skotnes, pp 67-79. University of Cape Town Press, Ciudad del Cabo.

Mudimbe, Valentin
    1988   *The invention of Africa: gnosis, philosophy, and the order of knowledge*. Indiana University Press, Bloomington.

Mufuka, Nyamayaro
    1983   *Dzimbahwe: life and politics in the Golden Age, 1100-1500*. Harare Publishing House, Harare.

Munene, Karega
    1996   The future of archaeology in Kenya. *African Archaeological Review* 13: 87-90.

Musonda, Francis
    1990   African archaeology: looking forward. *African Archaeological Review* 8: 3-22.

Ndebele, Njabulo
    1998   Game lodges and leisure colonialists. En *Blank: architecture, apartheid and after*, editado por Hilton Judin e Ivan Vladislavic, pp 118-123. David Philip, Ciudad del Cabo.

Ndoro, Webber y Gilbert Pwiti
    2001   Heritage management in southern Africa: local, national and international discourse. *Public Archaeology* 2: 21-34.

Nzewunwa, Nwanna
    1990   Archaeology in Nigerian education. En *The excluded past: archaeology in education*, editado por Peter Stone y Robert Mackenzie, pp 33-42. Unwin Hyman, Londres.

O'Meara, Dan
    1983   *Volkskapitalisme: class, capital, and ideology in the development of Afrikaner nationalism, 1934-1948*. Cambridge University Press, Cambridge.

Penn, Nigel
    1996   "Fated to perish": the destruction of the Cape San. En *Miscast: negotiating the presence of the Bushmen*, editado por Pippa Skotnes, pp 81-92. University of Cape Town Press, Ciudad del Cabo.

Peringuey, Louis
    1911   The stone ages of South Africa. *Annals of the South African Museum* 8.

Perlez, Jane y Raymond Bonner
    2005   Freeport-Rio Tinto: Gold's other price. *New York Times*, diciembre 28.

Phillipson, David
    1989   Editorial: The ethnographic present is past. *African Archaeological Review* 7: 1.

Posnansky, Merrick
    1993   Coping with collapse in the 1990s. En *Plundering Africa's past*, editado por Peter Schmidt y Roderick McIntosh, pp 143-163. Indiana University Press, Bloomington.

PPPC
    2003   Submission to DAC Tribunal, Prestwich Place Project Committee, Ciudad del Cabo.

Pratt, Mary Louise
    1986   Scratches on the face of the country; or, what Mr Barrow saw in the land of the Bushmen. En *Race, writing and difference*, editado por Henry Gates, pp 138-162. University of Chicago Press, Chicago.
    1992   *Imperial eyes: travel writing and transculturation*. Routledge, Londres.

Pwiti, Gilbert
    1994   Prehistory, archaelogy and education in Zimbabwe. En *The presented past: heritage, museums and education*, editado por Peter Stone, pp 338-348. Routledge, Londres.
    1997   Taking African cultural heritage management into the twenty-first century: Zimbabwe's masterplan for cultural heritage management. *African Archaeological Review* 14: 81-83.

Pwiti, Gilbert y Webber Ndoro
   1999   The legacy of colonialism: perceptions of the cultural heritage in Southern Africa, with special reference to Zimbabwe. *African Archaeological Review* 16: 143-153.

Quijano, Aníbal
   2000   Coloniality of power, eurocentrism and Latin America. *Nepantla: Views from the South* 1(3): 533-580.
   2007   Coloniality and modernity/rationality. *Cultural Studies* 21(2-3): 168-178.

Rassool, Ciraj
   2006   Community museums, memory politics and social transformation: histories, possibilities and limits. En *Museum frictions: public cultures/global transformations*, editado por Ivan Karp, Corinne Kratz, Lynn Szwaja y Tomás Ybarra-Frausto, pp 286-321. Duke University Press, Durham.

Rassool, Ciraj y Patricia Hayes
   2002   Science and the spectacle: /Khanako's South Africa, 1936-1937. En *Deep histories: gender and colonialism in Southern Africa*, editado por Wendy Woodward, Patricia Hayes y Gary Minkley, pp 117-161. Rodopi, Amsterdam.

Rickard, John
   1881a   Notes on four series of paleolithic implements from South Africa. *Cambridge Antiquary Society* 7: 57-66.
   1881b   Notes on some Neolithic implements from South Africa. *Cambridge Antiquary Society* 7: 67-74.

Rio Tinto
   2005   Rio Tinto: the way we work. Melbourne.
   2007a   World Archaeological Congress and Rio Tinto Workshop: should we "partner" on heritage management. Melbourne Business School, Melbourne.
   2007b   Rio Tinto: working with communities. Common objectives, diverse cultures. Melbourne.
   2007c   Rio Tinto: working in partnership. Melbourne.
   2007d   Rio Tinto: engagement through social and environmental partnerships and relationships. From global to local. Melbourne.

2007e   Rio Tinto: community relations standard. Melbourne.
2007f   Rio Tinto: community relations guidance note, cultural heritage management guidance. Melbourne.

Robertshaw, Peter
1990   A history of African archaeology: an introduction. En *A history of African archaeology*, editado por Peter Robertshaw, pp 3-12. James Currey, Londres.

Robertshaw, Peter (Editor)
1990   *A history of African archaeology*. James Currey, Londres.

Robinson, Keith, Roger Summers y Anthony Whitty
1961   *Zimbabwe excavations 1958*. Occassional Papers of the National Museum of Southern Rhodesia, Bulawayo.

Roth, Ann
1998   Ancient Egypt in America. Claiming the riches. En *Archaeology under fire: nationalism, politics and heritage in the Eastern Mediterranean and Middle East*, editado por Lynn Meskell, pp 217-229. Routledge, Londres.

SAHRA
2003a   Actas de la reunión del Prestwich Place Exhumation Project, 8 de agosto, South African Heritage Resources Agency, Ciudad del Cabo.
2003b   Actas de la consulta pública de la South African Heritage Resources Agency realizada el 29 de agosto en St Andrew's Presbyterian Church, Ciudad del Cabo.
2003c   Actas. Prestwich Place Burial Ground: reunión de SAHRA, HWC, Concejo Municipal y Departamento de Obras Públicas, South African Heritage Resources Agency, Ciudad del Cabo.
2003d   Actas. Prestwich Place Burial Site: reunión con arqueólogos y académicos, South African Heritage Resources Agency, Ciudad del Cabo.
2003e   Permiso No. 80/03/06/001/51 emitido por South African Heritage Resources Agency (SAHRA) Archaeology, Palaeontology, Meteorites and Heritage Objects Permit Committee a T.J.G. Hart de Archaeology Contracts Office, University of Cape Town, pp 1-4. Ciudad del Cabo.

2005 Actas de la presentaciones y discusiones de las propuestas de investigación de los restos humanos de la Calle Prestwich, South African Heritage Resources Agency, Ciudad del Cabo.

Said, Edward
1978 *Orientalism*. Routledge and Kegan Paul, Londres.
1989 Representing the colonized: anthropology's interlocutors. *Critical Inquiry* 15: 205-225.
1993 *Culture and imperialism*. Chatto & Windus, Londres.

Sampson, Garth
1974 *The Stone Age archaeology of southern Africa*. Academic Press, Nueva York.
1988 Practical politics in the wilderness of mirrors: a review article. *South African Archaeological Bulletin* 43: 60-63.

Sato, Keisuke
2006 The site of memory, the site of things: against identity politics. Ponencia presentada en el Intercongress on Cultural Heritage, World Archaeological Congress, Osaka

Sealy, Judith
2003 A proposal for the future of the Prestwich Street remains. Manuscrito sin publicar, University of Cape Town, Ciudad del Cabo.

Schlanger, Nathan
2002 Making the past for South Africa's future: the prehistory of Field-Marshal Smuts (1920s-1940s). *Antiquity* 76: 200-209.

Schmidt, Peter
1996 Rhythmed time and its archaeological implications. En *Aspects of African archaeology: papers from the 10th Congress of the PanAfrican Association for Prehistory and Related Studies*, editado por Gilbert Pwiti y Robert Soper, pp 655-662. University of Zimbabwe Publications, Harare.

Schmidt, Peter y Roderick McIntosch
1996 The African past endangered. En *Plundering Africa's past*, editado por Peter Schmidt y Roderick McIntosh, pp 1-17. Indiana University Press, Bloomington.

Schmidt, Peter y Roderick McIntosch (Editores)
   1996   *Plundering Africa's past*. Indiana University Press, Bloomington.

Schreiner, Olive
   1998   *The story of an African farm*. Dover, Londres. [1883].

Seekings, Jeremy
   2000   *The UDF. A history of the United Democratic Front in South Africa, 1983-1991*. David Philip, Ciudad del Cabo.

Sekula, Alan
   1989   The body and the archive. En *The contest of meaning: critical histories of photography*, editado por Richard Bolton, pp 343-388. MIT Press, Cambridge.

Shanks, Michael
   1997   Photography and archaeology. En *The cultural life of images*, editado por Brian Molyneaux, pp 73-107. Routledge, Londres.

Shanks, Michael y Chris Tilley
   1987a   *Re-constructing archaeology. Theory and practice*. Cambridge University Press, Cambridge.
   1987b   *Social theory and archaeology*. Polity Press, Cambridge.

Shaw, Thurstan
   1989   African archaeology: looking back and looking forward. *African Archaeological Review* 7: 3-31.
   1997   The contemporary plundering of Africa's past. *African Archaeological Review* 14: 1-7.

Shepherd, Nick
   1998   Archaeology and post-colonialism in South Africa; the theory, practice and politics of archaeology after apartheid. Tesis doctoral, Universidad de Ciudad del Cabo, Ciudad del Cabo.
   2003   State of the discipline: science, culture and identity in South African archaeology. *Journal of Southern African Studies* 29: 823-844.

2006 What does it mean to give the past back to the people? Archaeology and ethics in the post-colony. En *Archaeology and capitalism: From ethics to politics*, editado por Yannis Hamilakis y Philip Duke. pp 99-114. University of London Press, Londres.

2008 Heritage. En *New South African keywords*, editado por Nick Shepherd y Steven Robins, pp 116-128. Jacana-Ohio University Press, Ciudad del Cabo-Athens.

2010 Keynote address: archaeology, coloniality, modernity. Ponencia presentada en el simposio "Contemporary and historical archaeology and theory", Oxford University, Oxford.

2012 The uncreated man: a story of archaeology and imagination. *Archaelogical Dialogues* 19(2): 171-194.

2015 *The mirror in the ground: archaeology, photography and the making of a disciplinary archive*. Centre for Curating the Archive-Jonathan Ball Publishers, Ciudad del Cabo.

Sheppard, Peter
1990 Soldiers and bureaucrats: the early history of prehistoric archaeology in the Maghreb. En *A history of African archaeology*, editado por Peter Robertshaw, pp 173-88. James Currey, Londres.

Sinclair, Paul
1990 The earth is our history book: archaeology in Mozambique. En *The excluded past*, editado por Peter Stone y Robert Mackenzie, pp 152-159. Unwin Hyman, Londres.

Skotnes, Pippa (Editora)
1996 *Miscast: negotiating the presence of the Bushmen*. University of Cape Town Press, Ciudad del Cabo.

Slemon, Stephen
1995 The scramble for post-colonialism. En *The postcolonial studies reader*, editado por Bill Ashcroft, Gareth Griffiths y Helen Tiffin, pp 45-52. Routledge, Londres.

Smith, Andrew
    1983   The Hotnot syndrome: myth-making in South African school textbooks. *Social Dynamics* 9: 37-49
    2005   *African herders: emergence of pastoral traditions.* Altamira Press, Walnut Creek.

Soja, Edward
    1989   *Postmodern geographies: the reassertion of space in critical social theory.* Verso, Londres.
    2010   *Seeking spatial justice.* University of Minnesota Press, Minneapolis.

Sowunmi, Adebisi
    1998   Beyond academic archaeology in Africa: the human dimension. *African Archaeological Review* 15: 163-172.

Spivak, Gayatri
    1987   *In other worlds: essays in cultural politics.* Methuen, Londres.
    1988   Can the subaltern speak? En *Marxism and the interpretation of culture*, editado por Cary Nelson y Lawrence Grossberg, pp 271-313. Macmillan, Londres.

Stow, George
    1905   *The native races of South Africa.* Macmillan, Londres.

Taylor, Naj
    2011   The blacklisting of Rio Tinto. *Al Jazeera*, 12 de septiembre. Accesado el 18 de octubre de 2011: http://english.aljazeera.net/indepth/opini on/2011/08/2011823133628702154.html.

Tilley, Chris
    1990   On modernity and archaeological discourse. En *Archaeology after structuralism: post-structuralism and the practice of archaeology*, editado por Ian Bapty y Tim Yates, pp 127-152. Routledge, Londres.

Tobias, Phillip
    1978   The VIIIth Pan-African Congress on Prehistory, Nairobi, 1977, and the opening of the Louis Leakey Memorial Institute. *South African Archaeological Bulletin* 33: 5-11.

Trigger, Bruce
    1981   Anglo-American archaeology. *World Archaeology* 13: 138-55
    1984   Alternative archaeologies: nationalist, colonialist, imperialist. *Man* 19: 355-370.
    1989   *A history of archaeological thought*. Cambridge University Press, Cambridge.
    1990   The history of African archaeology in world perspective. En *A history of African archaeology*, editado por Peter Robertshaw, pp 309-319. James Currey, Londres.

Ucko, Peter
    1990   *Academic freedom and apartheid: the story of the World Archaeological Congress*. Duckworth, Londres.

Van der Merwe, Andre
    2003   Reporte remitido como parte del Public Submission Process, Ciudad del Cabo.

Van Schalkwyk, Johan
    1996   The past is not dead: cultural resource management in the new South Africa. En *Aspects of African archaeology*, editado por Gilbert Pwiti y Robert Soper, pp 849-54. University of Zimbabwe Publications, Harare.

Vassilopoulos, James
    1997   Rio Tinto: the world's worst company? *Green Left Weekly*, diciembre 3.

Vines, Anthony
    1991   Digging deep. *Southern African Review of Books* 14-15.

Wandibba, Simiyu
    1990   Archaeology and education in Kenya. En *The excluded past*, editado por Peter Stone y Robert MacKenzie, pp 43-49. Unwin Hyman, Londres.

West, Richard
    1972   *River of tears: the story of Rio Tinto Zinc Mining Corporation*. Earth Island, Londres.

Willett, Frank
    1971   *African art, an introduction*. Thames and Hudson, Londres.

1986 Nigerian thorn carvings: a living monument to Justus Akeredolu. *African Arts* 20: 48-53.

Wilson, Mark
1988 Forest Hall shelter: an early excavation on the southern Cape coast. *South African Archaeological Bulletin* 43: 53-55.

Witz, Leslie
2003 *Apartheid's festival: contesting South Africa's national pasts*. Indiana University Press, Bloomington.
2006 Museums on Cape Town's township tours. En *Desire lines: space, memory and identity in the post-apartheid city*, editado por Noëleen Murray, Nick Shepherd y Martin Hall, pp 259-276. Routledge, Londres.

Worden, Nigel
1996 Contested heritage at the Cape Town Waterfront. *International Journal of Heritage Studies* 2: 59-75.
1997 Contesting heritage in a South African city: Cape Town. In *Contesting urban heritage*, editado por Brian Shaw y Roy Jones, pp 31-61. Aldershot, Ashgate.

Índice analítico

A

Acuerdo Vermillion 113
African Archaeological Review 37, 52, 56, 70
Akeredolu, (Jefe) Justus 82, 83, 85, 86, 88
alteridad 12, 157, 159. **También véase** otredad; **También véase** otredad
altermodernidades 139. **También véase** modernidades alternativas
ancestros 123, 158, 202, 203
Andah, Bassey 54, 73
apartheid 10, 31, 34, 35, 48, 49, 55, 59, 64, 66, 90, 92, 99, 102, 109, 113, 115, 117, 118, 121, 127, 133, 136, 178, 186, 198
  currículo escolar en historia 65
  elecciones de 1948 14, 31, 32, 33, 49
  financiación para la arqueología 34, 49
  sanciones contra 55
Appadurai, Arjun 137
Appiah, Kwame Anthony 35
Arambourg, Camille 31
Archaeologies 131, 135, 145
arqueología
  del silencio 122
  postcolonial 60, 63, 71, 72, 74, 135
  postprocesual 67, 68, 72, 94, 148
  procesual 68
Arqueólogos sin fronteras 146
Asociación Británica para el Avance de la Ciencia 17, 44
Asociación Sudafricana para el Avance de la Ciencia 19, 20, 22, 170
Australopithecus africanus 19

B

Baartman, Sarah 163, 164, 165, 166
Bam, June 63, 65
bantúes 18
Barthes, Roland 77
Biko, Steve 46, 64, 117
Binford, Lewis 68
blanco, blancura 98, 99, 115, 199
Bleek, Wilhelm 16, 28
Blood River 34
boicot (de Sudáfrica) 55
bosquimanos 16, 18, 21, 172, 195, 207. **También véase** san
Bourdieu, Pierre 193
Bowker, T.H. 15
Breuil, (Abbé) Henri 31
Burkitt, Myles 23, 24, 25, 44

C

Cabo Occidental 103, 105, 112, 113
Cabo Oriental 23, 24, 163
calle Prestwich 97, 100, 101, 103, 109, 110, 111, 112, 113, 114, 115, 116, 117, 118, 119, 121, 122, 123, 124, 125, 126, 127, 128, 129
Cape Times 20, 174
Castells, Manuel 136, 137
Castro-Gomez, Santiago 189
Caton-Thompson, Gertrude 44
Cementerio Africano en Nueva York 138
Chaplin, Charlie 190
ciudad perdida 59
Clark, Wilfrid Le Gros 19, 44
Clingman, Stephen 98, 99, 112
Coetzee, John Maxwell 90, 92, 190, 197, 198
colonialidad
  del poder 192
  del ser 192, 194
Comaroff, Jean 137, 138
Comaroff, John 137, 138

Comisión de la Verdad y la Reconciliación 99
Comisión para la Preservación de Monumentos Naturales e
    Históricos 27
Comité La Calle Prestwich No Se Toca 107
Conciencia Negra 46, 50, 64, 118
Congreso Arqueológico Mundial 55, 73, 131, 132, 133, 146
  Comité Ejecutivo 111, 131, 140, 141, 144, 145
  Programa de Bibliotecas Globales 51, 147
  representantes indígenas 134
  Rio Tinto 141, 142, 143, 144, 145, 146, 151, 153, 160
  WAC1 131, 135, 139, 149, 154
  WAC6 140, 145
Congreso Nacional Africano 64, 98, 163
Congreso Panafricano de Prehistoria 19, 30, 31, 33, 34, 44
consignación (sensu Derrida) 204
corporaciones transnacionales 136, 137, 138, 158
cristianos 103, 110
cueva Montagu 171
cueva Oakhurst 33, 78, 80, 82, 181, 182, 183, 184, 185, 188, 204,
    206
cueva Peers 64, 65, 73, 169, 170, 171, 172, 173, 174, 175
cuidado del yo 203
Cuvier, Georges 163

D

Dart, Raymond 19
Deacon, Jeanette 15, 16, 25, 26, 29, 38, 45, 48, 49, 82, 113, 118,
    135, 169, 170, 171, 191, 197
Deetz, James 67, 68
de Maret, Pierre 40, 69
de Perthes, Boucher 16
Derrida, Jacques 66, 67, 122, 165, 186, 204
desarrollismo 159
desplazamientos forzados 115
Día Nacional de la Mujer 163
Diop, Cheikh Anta 46, 47
discurso 13, 18, 29, 32, 60, 115, 118, 120, 121, 122, 141, 152, 153,
    154, 155, 156, 164, 180, 196, 205, 206
Dubow, Saul 19, 28, 197
Dussel, Enrique 192

E

economía 49, 52, 70, 90, 127, 137, 150, 164
  de la experiencia 127, 137
  mundial 52, 70
  relacional 164
  sudafricana 49
economía política 90, 150
  colonial 90
  contemporánea 150
  postcolonial 199
economías emergentes 137
Edad de Hierro 29, 50, 117
Edad de Piedra 15, 17, 19, 22, 25, 29, 43, 44, 45, 77, 170, 171, 173
Elkana, Yehuda 116
entramados locales 161
esclavitud 35, 90, 121, 129, 141, 152, 164, 178, 186
esencialismo 159
espectros (sensu Derrida) 165, 186
esteatopigia 163
Etnoarqueología 55
etnogénesis 138, 139, 158
excavaciones ilegales 57. **También véase** saqueo

F

Fagg, Bernard 42, 82
Fanon, Frantz 46, 48, 64
Fish Hoek 169, 170, 171, 172, 173, 174, 175
Forest Hall 78, 79, 80, 82
fósil de Taung 19
fotografía etnográfica 76
Foucault, Michel 11, 12, 13, 14, 94, 190, 193, 203, 205

G

Garlake, Peter 47
gente de color 115
globalización 66, 67, 72, 126, 134, 136, 137, 148, 151, 152, 157, 158, 159, 206

Goodwin
 carrera y legado 14
 Forest Hall 78, 79, 80, 82
 John. También véase saqueo
 legado 14, 77
 Oakhurst 78, 80, 82, 181, 182, 183, 184, 185
Goodwin, Winnie 23
Gordimer, Nadine 98, 99, 100, 112
gran confinamiento (sensu Foucault) 190
Gran Marcha 33
Gran Zimbabwe 23, 29, 44, 47, 66
Guerra Fría 136

H

Haber, Alejandro 131, 138, 144, 145, 149, 152, 164, 177, 179, 185, 200, 201, 202, 203, 205, 206
Haddon, A.C. 17
Hall, Martin 38, 44, 47, 49, 50, 55, 59, 60, 66, 70, 73, 78, 79, 80, 82, 118, 127, 135, 136, 137, 191
Hassan, Fekri 61, 73
hibridez 10, 137
Hodder, Ian 12, 36, 68, 90, 94
Holl, Augustin 38, 41, 42, 70
Hombre de Fish Hoek 170, 171, 172, 173, 175
Hombre de Piltdown 19
Huffman, Tom 191

I

imperio británico 14, 32, 49, 117, 198
indígenas
 concepciones 13, 39, 191, 192
 movimiento 45, 138, 157, 160
 políticas de la identidad 115
Inskeep, Ray 29, 32, 49
Isaac, Glynn 73

J

Jolley, Keith 171

K

Keith, Arthur   19, 170, 171
khoikhoi   190. **También véase** khoisan
khoisan   90, 103, 115, 163

L

Lalu, Premesh   97, 128
Langham   15
Leakey, Louis   14, 31, 43, 77
Leakey, Mary   30, 182
Leone, Mark   67
Lester, Terry   111
Ley de Reliquias Bosquimanas   18
Ley Nacional de Recursos del Patrimonio   101
Leys, Colin   50

M

Mafuka, Ken   47, 48
Makapansgat   33
Malan, Berrie   15, 78, 79, 80, 169
Malan, Daniel François   15, 17, 26, 27, 28, 29, 31, 43, 49, 78, 79, 80, 82, 101, 102, 103, 104, 105, 119, 120, 169
Maldonado-Torres, Nelson   192, 194
manejo de recursos culturales   118, 120, 121
Mapungubwe Hill   29
Mbembe, Achille   100
memorialización   102
Mignolo, Walter   152, 154, 189, 191, 192, 195
movimiento antiapartheid   120
movimiento maya   160
multiculturalismo   133, 139, 150
Museo Albany   16
Museo del Hombre   163
Museo de Sudáfrica   17, 20, 28
Museo Real de Artillería   16
Musonda, Francis   52, 70, 71
musulmanes   103, 110

N

nacionalismo
  africano 99
  afrikaner 14, 33, 34, 49, 98
nativismo 159
Ndebele, Njabulo 92, 93
negro, negrura 25, 31, 50, 98, 99, 194, 199
Nueva Arqueología 36, 67, 72, 117, 118

O

Occidental
  conocimiento 157, 158, 194
  temporalidad 189, 190, 191
  yo 155, 156, 158, 159, 193, 194, 195
Oficina de Arqueología 26, 49, 101. **Véase también** Servicio Arqueológico
Oficina de Arqueología de Contrato 101
otro, otredad 13, 158, 159, 161, 194
Ouzman, Sven 164, 177

P

paleolítico 17, 21
Peringuey, Louis 17, 21
Phillipson, David 56
políticas de la identidad 115
Posnansky, Merrick 51, 53
Pratt, Mary Louise 12, 39, 197
producción de conocimiento 14, 40, 94

Q

Quijano, Aníbal 192

R

Radcliffe-Brown, Alfred 19, 77
Rassool, Ciraj 18, 60, 97, 103, 127, 199
régimen del Frente de Rodesia 47
régimen de verdad 203
regímenes de cuidado 173, 177, 185, 187, 203, 204

Reliquias y Antigüedades 27
representación 58, 59, 62, 122, 133, 138, 158, 164, 178, 179, 181, 186, 187
representantes en WAC 135
Rickard, John 15, 16
Rio Tinto 141, 142, 143, 144, 145, 146, 151, 153, 160

S

san 138, 160, 164, 165, 172, 178, 190, 195
saqueo 57
Sato, Keisuke 122
Schofield, John 50, 182
Schreiner, Olive 97, 98
Sermones en piedra 20, 28
Servicio Arqueológico 26, 32, 49, 197, 198. **Véase también** Oficina de Arqueología
Shaw, Thurston 48, 52, 57, 71, 82
Sheppard, Peter 42, 70
Smith, Claire 136
Smith, Grafton Elliot 19
Smuts, Jan 19, 26, 27, 28, 30, 31, 32, 33, 49, 170
Sociedad Arqueológica 28, 197
South African Heritage Resources Agency 101
Southern African Archaeological Bulletin 29, 45, 197
Spivak, Gayatri 12, 38, 205
Sterkfontein 19
sudafricanización (de la ciencia) 197
Swartkrans 19

T

Tarkastad 23, 24
The Rockwell 123, 124, 125, 126, 127, 129
Tobias, Philip 19, 30, 31, 44, 135
Treatment Action Campaign 128
Trigger, Bruce 13, 37, 38, 41, 70

U

Ucko, Peter 48, 55, 131, 133
Unión Internacional de Ciencias Prehistóricas y Protohistóricas
    37, 133
Universidad de Ciudad del Cabo 9, 10, 11, 14, 19, 23, 32, 43,
    65, 76, 101, 102, 105, 106, 110, 112, 172, 184, 188
Universidad del Cabo Occidental 103, 105, 112
Universidad de Witwatersrand 32

V

van Riebeeck, Jan 34
van Riebeeck, Maria 34
van Riet Lowe, Peter 14, 20, 22, 23, 25, 26, 27, 28, 31, 43, 44, 45,
    49, 169
violencia
  epistémica 183, 185, 202, 205, 206
Volman, Tom 171

W

West African Journal of Archaeology 54
Wheeder, Michael 107
Windwaai, Adam 77, 78, 82, 181
Woodward, Arthur Smith 19
Worden, Nigel 127

Z

zapatistas 160